えひめブックス28

街角のフォークロア

― 足下の暮らしを見つめ直す試み ―

森　　正康　著

公益財団法人 愛媛県文化振興財団

はじめに

平成二十六年五月に日本創生会議が今後の人口推計を基に、「消滅可能性都市」として全国の自治体の半数に当たる八百九十六の市区町村名を示し、人口急減社会への警鐘を鳴らしたことは、まだ記憶に新しい。人口減少という問題のみならず、消滅という響きに大きな反響もあったように思われる。これまでよく用いられてきた過疎化とか限界集落をめぐる理解とは少し異なり、自治体単位での地域消滅の可能性が指摘され、人口の再生産が見込み難い現実の厳しさが示された。このことは、地域の存在を基本とする寺院や神社の消滅議論にも発展するなど、関連した新たな社会問題を投げかけ、これから先の社会の不透明感を増幅させている。

このような大きな揺らぎを伴う現代社会において、私たちは自分自身の価値観をどのように位置づけて存在していけばよいのだろうか。その一つの手掛かりを示してくれるのが、人々の暮らしの中で築き上げられた民俗文化である。そこには、先人たちの多様な知恵が集積されており、私たちに大きな指針を与えてくれることもしばしばである。

本書は、愛媛県下を中心とする身近な事例の紹介を通して、民俗文化の成り立ちを考えるとともに、そこに暮らしの手引きという意味合いをも合わせながら、現代社会に息づく民俗的事象について、世相を反映させつつまとめてみたものである。脚下照顧と言われるが、自身の足下を見つめ直すところから見えてくるものがある。暮らしの来し方を知り、行く末を考えることを自ずからに行うことが物事の一つの解決策であり、これまでの人々が繰り返し行ってきた方法でもあるはずだ。

編集に当たっては、執筆の時々に思いつくままに取り上げてきた、多岐に亘る身近な暮らしの一コマを、「民俗文化の成立と形成」「地域社会と民俗伝承の変化」「現代社会を民俗文化から読み解く」「民俗伝承の活用を考える」という四つの区分けによって構成してみた。しかし、基本的にはそれぞれが独立した文章でもあるので、どこから読んでいただいても構わない。本書を繙かれた皆さんそれぞれが、身の回りの何気ない暮らしを見つめ直すきっかけとされ、そこから更なる何かを感じ取っていただければ、著者としてこの上もない幸せである。

目次

第四章　民俗伝承の活用を考える

第一章
民俗文化の成立と形成

巳正月の年取り

少しばかり前となる平成初年の頃までであろうか、師走に入ろうとする時期に松山市内のスーパーマーケットの店頭に、しめ飾りが並び始めるところがあった。正月用にしてはやや早すぎるし、形態が少し異なっている。近づいて見ると、巳正月《みしょうがつ》用のものであった。こんな風景に出会うことがあった。正月用のしめ飾りに併せて、一部を巳正月用に出荷したものであろう。都市化や産業構造の変化に伴って、正月用品も自前で調整することが少なくなって久しいが、巳正月にも同様の現象がみられる。裏を返せば、この民俗の健在さを物語っている。しかし、近年ではむしろ、JAや葬祭会館の業務の一つとなり、周到なパンフレットの作成やJA広報誌を通した予約受付も見受けられるようになった。

ところで、暦の上では十干十二支の干支が日ごとに移り変わっている。したがって、巳正月とは十二月の最初の巳の日を中心に、この一年間に新亡者を出した家々で行う、正月の擬似的行事のことである。地域によって巳午《みんま》とか辰巳《たつみ》、巳の日正月などとも称し、四国地方に特徴的な行事である。例えば、松山地方では、巳の日に案内なくとも親族が喪家に集まるという便無し寄りで、一臼限りの餅を搗《つ》き、墓掃除をし、通常の正月とはあらゆる点をことさらに違えたしめ飾りや門松をつけ、翌日の午の日のごく早朝、カラスが鳴かぬ前に墓参をする。そして、故人の近親者が持参した搗きたての餅を藁火であぶり、引っ張り合って切り、刃物の先に突き刺すなどして参列者に渡し、これを食べたのである。

東予地方では、辰から巳の日にかけて行うことから、辰巳と称することが多いが、西条市西部の周桑地方では、むしろ一般にカンニチ（坎日）と呼んでいる。辰の日の夕方に親族が集まって一夜がしの一臼餅を搗いて小ぶりの重ね餅と雑煮餅を取り、午の日になった早暁に墓参りをしていたが、今は宵のうちに参る。墓前では参列者が餅を引きちぎり、藁を燃やした火であぶって食べる。これを見て亡者がおかしくて笑うのだという。また、墓への行き帰りに誰かに会っても挨拶をしない。したがって、人々は坎日の晩には出歩かない、他家を訪問しない仕来りであった。墓地から家に帰ると餅一個を入れた一杯限りの雑煮を必ず食して解散した。なお、坎日には地域での紋切り型の挨拶口上があり、「今年は○○さんの思いもかけぬ坎日でございまして、まあお茶でもお飲みなさいますか」など、各地で特有の挨拶方法が取られた。

搗きたての餅を墓前に供えたのちに藁火であぶる（東温市）

巳正月の墓地飾り（松山市興居島）

いずれにせよ、巳正月の行事には、日常生活ではまず行うことのない、通常の枠を越えた考え付く限りの奇抜な方法で展開されていることに気付かされる。逆に、搗きたての餅を焼いてはいけない、一臼餅を搗いてはいけないなど、巳正月の行為を日常的に行うことは、戒められた。すなわち、日常は行わない異常な行為をあえて行うことによって、それまでの状況からの断絶をはかろうとしたのである。近親者の死によって発生したケガレを来るべき新年に持ち越すことのないよう、死者の霊との絶縁をなす行為であった。

古来、日本では生まれた年を一歳とし、さらに新年を迎えることでみんな一様に年を重ねるという数え年を生活の基準としてきた。しかし、明治以降の太陽暦の導入や普及に伴い、誕生日を〇歳とする「年齢計算ニ関スル法律」が明治三十五年に制定・施行され、さらに昭和二十五年には改めて「年齢のとなえ方に関する法律」が施行されたことで、誕生日を基準とした満年齢での捉え方が広がった。したがって誕生日を基準とする価値観の定着したのはまだ新しく、昭和の半ば頃まで人はみんな正月に年を重ねるものであった。そのため、巳正月の行事を行うことによって、人々は一年に二度の正月行事を実施したこととなり、精神的に一つ余分に年を取ることで死のケガレを過去へと打ち捨て、来るべき新年を清浄な気持ちで迎えようとしてきたのである。

このことは、東予地方に盛んであった午の日の贈答儀礼からも伺うことができる。巳正月の行事が済んだ翌日の午の日に、「お午の祝い」とか「臼直し」と称して周辺の家々から餅を搗いて祝っていく民俗が昭和三十年代頃まであった。忌服期間にあった喪家の人々が、来るべき正月を人並みに迎えられるようになったことを祝福しているのである。例えば、西条市丹原町のＦ家では、昭和二十四年の旧暦十二月の坎日に当たり、近隣や親戚二十一軒より、十個ないし二十五個の餅を届けられている。他に、寿司や肴を持参した家もあった。また、宇摩地方の一部では、祝いの品が餅から砂糖に切り替えられて昭和の終わりころまで継続された。

では、なぜ巳正月なのか。これは坎日の

藁火であぶった餅を包丁で切り、刃先に突き刺して縁者に渡す（東温市）

考え方が影響していると考えられる。坎日は、陰陽道《おんみょうどう》における凶日の一つで、万事が凶とされる。星の動きによって月ごとに異なり、一月の辰から始まり十二月は巳の日が当てられる。したがって、凶日にあえて正月の擬似行為を行うことですべてを払拭しようとした人々の心意が読み取れる。

ところが、ここに喪中挨拶状（年賀欠礼状）が出されるに及んで理解が複雑化し、昭和の後半以降であろうか、巳正月との矛盾を生んでいる。巳正月が、来るべき正月を祝うための文化装置であったことを考えると、喪中挨拶状を出すことは明らかに不可解である。さらには、現代社会における忌服のケガレ認識が個人的に強まり、喪家だけでなく親族までもそれを理由に葬儀後の正月を祝わない、神祭りを行わない家庭が増えてきた。また、サラリーマン家庭が増加する中で、喪中挨拶状は仕事上の人間関係を構築する一つの道具としての役割を持つようになり、社会生活のうえで欠かせない存在へと変化してしまった。どうも、こと死のケガレに関するかぎり、現代人は表向き過度に敏感な反応を示すようになってしまったようである。

結界の大草履

現代における一つの社会現象として、ボーダレス化が叫ばれて久しい。内と外、男と女、大人と子供などなど、私たちの日常生活は、何かにつけて相対するもの同士の境界を取り除こうとしているようである。裏を返せば、これまでは異なる存在の間を画する境界認識が積極的に存在してきたことを意味している。事実、私たちの暮らしの中になお、さまざまな境界や結界の標示物が各地に健在である。なかでも、生活防衛の機能を果たそうとする民俗において顕著である。

正月の日待ち祈祷《きとう》や夏の土用祈祷に際して、僧侶や神職、山伏などの祈祷を受けた関札《せきふだ》を村境・集落境に立て置くことなどは、市街地においても行われている。農村においては、さらに虫送りが境界認識の機会として加わる。これらは、結界標示を行う場合と内から外へ祓《はら》い捨てるだけの場合に分かれる。

村境のオオビト（大人）の草履（八幡浜市保内町）

さて、愛媛県の中・南予地方を中心とした民俗の一つに、小正月行事の延長で、村境に結界を示す大きな藁草履を掲げる民俗を広く見ることができる。正月十六日の「念仏の口明け」の行事に付随した民俗で、一般には「鬼の金剛」とか「オオビトの草履」などと称される。多くは、地域の寺や堂庵

できあがった大草履にしめ縄をつける（松山市米野町）

でその年の念仏の申し初めを行うとともに、大きな藁草履やしめ縄を作って村境に吊るすなどして、悪しき存在の侵入を防除しようとするものである。

例えば、西予市宇和町永長《ながおさ》では、十五日の朝からその年と前年の当番に当たる年行事《ねんぎょうじ》二人ずつが早朝から地区の常居寺《じょうごじ》に集まって、長さ二メートルに近い特大の大草履を片足だけ作る。完成すると寺の本堂に据えて大きな数珠を繰りながら念仏を唱えたのち、これを村境の永長橋のたもとに立て掛けて魔よけとするのである。

また、永長ほどの大草履ではないが、これに供物を添えて地区の出入り口にしめ縄を張り渡して吊るす行事を、久万高原町から砥部町広田地区、内子町・大洲市あたりを中心に広く「鬼の金剛」と称している。鬼の履く大草履と藁すぼに包んだ弁当と箸、しめ縄をセットにしたものである。もっとも、こうした大草履の多くは、あしなか形式の踵《かかと》がないトンボ草履・トンボスゲが大半で、二王門の金剛力士像に添えられる大草鞋とは異なる。久万高原町父野川では、旧暦の一月十六日に行われ、朝から半日がかりで大草履と谷あいに渡すしめ縄などを作り、これを地区の仏堂に運んで祈祷したあと、谷川を跨いで張り渡す。

　こうした大草履に仮託した魔よけの民俗は、小正月に行われることが一般的ではあるが、これに限定されるわけでもなく、夏に行うところもある。西予市宇和町明間《あかんま》の倉谷地区では、盆に各集落の入り口にしめ縄を張り、トンボスゲを立て掛けていた。かつて疫病が流行ったとき、一夜にして治ったというが、そのとき、擦り切れた大草履が落ちていたので、以後「オクヨウサマ」と称して大草履づくりが行われていた。

　松山市日浦地区の米野町や青波町でも、七月十五日に村祈祷を行って大きなあしなか草履を作ることになっている。米野町では、戸主たちが地区の弥勒堂に集まって長さ五十センチ程の大草履（あしなか草履）を二つ作り、これにしめ縄をつけて不動明王の掛け軸の前に安置し、オリョウグを供え、鉦に合せて大数珠繰りを行ってお性根を入れる。その後、二つの大草履は、集落の上・下の入り口に吊るして魔よけとしている。また青波町では、道路を横断し

地区の出入り口に張られた大草履（松山市青波町）

て渡した縄にあしなか草履を吊るし、道切りをして防御する。

ところで、このような結界としての大草履の民俗は、外敵に対して集落内に強大な力を備えたつわものが存在することを誇示しようとしたものであるが、これをオオビト（大人）とか鬼の伝承を通して、より具体的に伝えてきたわけである。特に南予地方には、オオビトの足跡型の巨人伝説が広く伝えられ、大草履の民俗とあいまって結界における外敵の侵入を防除しようとする機能を強めてきたのである。

盆棚の類型と変容

隣接する地域間の民俗文化が著しく異なっている場合がある。すなわち、面として広がりをもって存在している民俗の分布が、地域差となって類型化されるとき、私たちは、そこに異なる文化領域を設定することができる。日本列島を東西に分けた食文化や方言の対比などは、その典型である。また、日本本土の文化に対する北のアイヌの人々の文化や南の沖縄・奄美《あまみ》の文化に区分した近年の日本文化論の理解などによく表れている。かつて昭和四十年代後半に見られた日本文化論ブームのような、画一的な理解は影を潜めた。

さて、愛媛県という限定された地域の民俗文化においても、年中行事や祭りなどの幾つかの事象に関して空間的・地域的により細かく類型化された文化領域を描くことが可能である。小正月の諸行事などにも特徴的な地域性がうかがえるほか、盆行事における盆棚《ぼんたな》・精霊棚《しょうりょうだな》の形式や祀《まつ》り方もその一つとなるであろう。

盆棚は、盆に先祖や新仏の霊魂を迎えて祀る施設で、愛媛県下の現行の民俗では、座敷などの室内に特別に設けるところと、軒下を含む屋外に作る場合に分けられる。前者の形式は南予地方を中心に分布し、座敷に一メートル四方ほどの祭壇を設けて芭蕉の葉を敷き、女竹やほおずき・そうはぎなどで飾った棚に先祖の位牌を安置し、オリョウグ膳を供えて祀る。後者は、中予・東予地方に多い形式で、簡易な棚にガキボトケを祀り、先祖はむしろ仏壇で祀られることが多く、松山や今治地方では盆棚自体がすでに廃止されているところが多い。

さて、松山市の北東部、石手川の上流に位置する日浦地区には、今もこの盆棚が比較的よく伝承されている。同時に、その形式も屋外・軒下・屋内と多様であり、祀らない地域もあるなど、写真1～4に示したように集落間で異なりを見せている。

写真1は、大井野町に見られる形式で、家のカド先に柱となるシノベ竹を三十センチ四方にあけた穴に立て、目通りほどの高さに竹を簀の子状に並べて棚を作り、しめ縄を張ってセガキ札を下げる。四隅にはシキミを指し、野菜や水を供えてガキボトケを祀る。

写真2は、福見川町や川之郷町、青波町などに見られるガキボトケのための盆棚で、シノベ竹で四

写真１　日浦地区本来の盆棚
（大井野町）

写真２　軒下に吊るされた盆棚
（青波町）

写真３　縁側に取り込まれた盆棚
（東川町）

写真４　簡略化のすすむ盆棚
（米野町）

角錐の吊り棚を作り、軒下に吊るす形式である。

写真3は、東川町に見られる箱型の吊り棚で、ガキボトケとともに先祖の位牌を仏壇から移して軒下ないし縁側で祀っている。さらに、屋内に持ち込まれた事例も見ることができる。

写真4は、米野町で見られる屋外に設けたもので、木製一本足の盆棚である。

これらは、一見したところ、地域差として類型化されているようにも見えるが、実は時間的な差異に基づいた民俗文化の変化・変容の過程に生じた類型と考えられる。日浦地区においては、写真1の盆棚が古くからの形式と考えられ、2は、雨避けなどから四方の足の部分を削除するとともに上部を一くくりにして小型化し、さらに軒下へ取り込んだものと見られる。また、一部に棚を板に置き換えた事例もある。3は、四方の竹が完全に省略されてしまい、さらに専用の板製の吊り棚がより整備された形式となって年々使用されるとともに、軒下から屋内に取り込まれて家の内外の精霊が同時に祀られるようになり、合わせて位牌が祭祀される事例である。4は、棚を板で作り、竹四本の足を棒杭一本に置き換えたもので、明らかに隣接集落に見られる1を、屋外において簡略化したものである。

ところで、日浦地区の盆棚が面白いのは、こうした民俗文化の変化・変容が集落単位で生じる傾向が強く、個々の家単位ではないことである。盆棚の廃止についても同様である。このことは、民俗が変化するに当たっても、持続される場合同様に集団的な規制力が発揮されている様子がうかがわれ、興味深いものがある。

神女の家の系譜

男女共同参画社会の進展とともに、女性の社会進出にも目覚ましいものがある。その一方で、医者や教師など男性を中心としていた社会においては、女性がその任に就いたならば女医・女教師などと表現する慣わしが長く続いてきた。裏を返せば、それらが女性の担任する分野ではなかったことを示唆している。同様に、女性をケガレの対象として捉え、特定の場所や空間などから排除しようとする力も強く、場合によっては「女人禁制」という社会システムを生み出した。その結果、大相撲の土俵や山岳信仰の聖地をはじめとして、今日に至るまで強い規制力が働き続けているところも少なくない。伊予の高嶺と称された石鎚山においても、今もって七月一日のお山開き初日は、女人禁制が続いている。

日本社会では、月経・出産という女性特有の生理現象をケガレの対象として理解し、平安時代の頃より女性が一定期間にわたって排除される価値観が生じた。時代とともにその期間が延長され、中世に入るころには最も長くなり、女人禁制へとつながる。こうした価値観から導き出される女性像は、男性を中心とした「正の民俗」に対して「負の民俗」として位置づけられることが多く、女性の存在を民俗文化の枠組みの周縁部へと追いやってしまった。例えば、女人禁制とは相反する価値観である「女性司祭」の制度がある。古代の七世紀末に始まる伊勢神宮の斎宮《さいぐう》（斎王）や九世紀初頭に始まる京都・賀茂社の斎院《さいいん》は、女性司祭の最も代表的な事例である。しかし、女性に対するケガレ認識の強まりとともに、これらとても十三世紀から十四世紀に相次いで廃止されてしまった。

その一方で、女性を中心とした民俗が存外に受け継がれてきた事例も存在する。茨城県の鹿島神宮における女性祀職である物忌《ものいみ》は、その代表である。物忌の候補となった童女の中から亀卜《きぼく》によって選定され、生涯にわたり独身で神に奉仕する存在で、古代より明治初期まで存続した。社参は輿に乗って行われ、地面を踏むこともない。

そうしたなか、明治政府が既存の祀職《ししょく》制度に介入したことによって、女性司祭者は公的には排除されてしまった。その結果、神職＝男性という一般的理解が確立し、女性は神楽舞や神饌《しんせん》運搬の役割を担うことに限定された。その一方で、戦後の人手不足に対する緊急措置として始まった女性神職の制度は、しだいに増加傾向を示した。神社本庁傘下の神社に限っても、既に宮司の七パーセント、神職総数では十五パーセントを超えて全国で三千四百人超に達する。

それでは、女性神職はかつての女性司祭者の復活かといえば、実は基本的な性格を異にするところが多いのである。その一つがここで取り上げたイエ（家）の「系譜」認識の在り方であろう。

つまり、男性が中心となって後継するという一般的な日本のイエ制度に基づいた理解とは異なり、婚姻を前提としながらも女性の系譜をもって行う方法が、広く存在してきたのである。

例えば、秋田県秋田市の旧久保田城内にある八幡神社は、藩主・佐竹氏の氏神であり、同氏の転封ともに茨城県常陸太田《ひたちおおた》市から勧請《かんじょう》された神社であるが、ここに「靍《つる》」という世襲の神女がいて明治初年まで神事を主宰した。もともとは、鎌倉の鶴岡八幡宮に仕えた神女の家で、佐竹氏が常陸太田へ勧請した時以来の家だという。この家は代々、娘譲りによる女系の系譜によって祀職を伝えてきた。夫は藩の中級武士であったが、基本的には神女「靍」の夫として位置づけられ、長女は必ず「靍」と名付けられた。また、同県大仙市神宮寺の八幡神社の神女「友子」の家も同様の系譜関係が見られ、夫も近世後期には神職に取り立てられた。ちなみに秋田県下には、神道裁許状など公的な承認を得た神女の存在事例が多数確認される。

　さて、愛媛県下にも、女系の原理を優先させた神女の系譜が

綾延神社最後の神女（右下、1910年）

大洲市や喜多郡には、神楽神女の家が残る

現代の少女たちによる神女神楽

存在したことは、知られていない。大三島の大山祇神社には、「内子《ないし》」という神女職が置かれている が、明治初年までは神職同様に世襲制度によって続いていた。三軒の家筋が就任の順に一〜三の内子職を務め、母から娘へと女の血筋を後継したのである。なかでも一の内子は、大山積神を祀る本社の左右にある上津社《かみつしゃ》・下津社《しもつしゃ》の祭祀に当たり、社殿の扉を開いて殿内に入り、夏冬の神さまの衣装である神衣《かんみそ》を取り替えるという極めて重要な役割を担った。これは、祭神が女神であるために男子神職が務めることを行わず、古くは宮司（大祝《おおほうり》）の妻か娘が担任していた。もっとも、男性神職を中心とした当社の社家制度のなかでは、儀礼の軽重と社中の序列には隔たりが見られ、内子職の位置づけは概して低く、経済収入もごくわずかでしかなかった。また、近世末には、娘譲りから嫁譲りへの変更要望書が出されたりするが、女性を中心とした神女の家系として明治初期まで続いたのである。しかし、明治政府が取りまとめた神社資料には、その家系を男性の系譜として記録し、女系であることは表面的には現れて来ないのである。

県下には、職掌は異なるが、他に宇和島市の伊吹八幡神社、久万高原町菅生の三島神社、西条市丹原町の綾延《あやのべ》神社などにも近世を通して神女の家筋が存在した。伊吹八幡神社では、現社家の初代は朝日と称する神女であった。三島神社には、神職とは別に神女を務める家が存在した。綾延神社では、一の神子・二の神子と称する二軒の家筋があり、社中の鈴神楽を奏進する役目とともに、末社祭祀の一部を担任していた。西条市河之内の大元神社の神女は、秋田県下の事例同様に裁許状を得ていたことも分かっている。このように、女系による神女職継承の事例を広く確認してみると、もはや、日本の神社祭祀やイエ制度も、これまでのような男系原理のみでは捉えきれないことは明らかである。女性という性が男性よりも優先される価値観が、実は明治初年までは確実に存在したのである。

したがって、男系の系譜によって継続されることが日本社会に共通したイエ制度であるとの理解も実は一面的なものであり、神女という女性司祭者の来し方を改めて考え直したところから、新たに見えてきたことも少なくないのである。

民俗芸能の伝承と伝播

価値観の多様化とともに、地域社会における伝統的な民俗芸能の保存・伝承に苦慮しているところが少なくない。愛媛県神社庁が、過疎化に伴う祭礼行事の実態を調べるため、平成二十九年に県下の神社を対象に行った調査（回答数八百八十七社、回答率七十二パーセント）によると、五十六パーセントの神社で近年に何らかの行事を廃止していることが明らかとなった。最も多いのが奉納相撲、次いで神輿渡御、獅子舞と続く。

私の住まいする西条市丹原町においても、各地区とも似たりよったりで、獅子舞や奴行列をはじめとして演じるために必要な人間の確保に四苦八苦である。そんななか、伝統的な民俗芸能の一つである「神楽」が、東予地方に改めて伝えられていく過程を、間近で目の当たりにしている。周桑地方に活動拠点を置く、新興の神楽集団である夢華《ゆめはな》神楽社中の動きがそれである。

愛媛県下の神楽は、分布の現状からすれば、明らかに南予地方に片寄っているが、本来はかなり普遍的な分布を示していた。近世には、全県的に祭りや雨乞いなどで盛んに神楽が行われ、いずれも十人余りの神職が神楽組を組織して行われる神職神楽であった。明治以降は急速に衰退し、代わって八幡浜市・西宇和郡や大洲市・喜多郡、東温市などでは氏子有志による神楽部が結成され、伝承されることとなった。したがって、今も神職神楽を伝えるのは、宇和島市周辺の「伊予神楽神奈岐会《かんなぎかい》」と松山市の「維神会《いしんかい》神楽」のみである。一方で神楽部の結成されなかった東予地方の多くの地域では、しだいに廃絶の止む無きに至った。

夢華神楽社中の大々神楽

もっとも、先の夢華神楽社中の活動は、かつて存在した神楽の復活とは、いささか異なる。すなわち、周桑地方の神楽は近世初頭の始まりと推測されるが、これが江戸時代中期の元禄・宝永年中に一度中断する。松山藩が招聘《へい》した神道家の大山為起《ためおき》の思想的影響によるもので、当時、禰宜《ねぎ》神楽とよばれた松山地方の神楽が、仏教的要素を含むことから否定され、彼の高弟たちの神社でもしだいに行われなくなっていった経緯がある。しかし、のちに復活したらしく、近世後期には道具の再調が行われ、明治初年ころまでは神楽が行われた痕跡が認められる。二天・四天などの演目がうかがえる以外は、具体的な内容は不明であり、十分な資料も残されていない。したがって、かつて行われた神楽とは異なるが、勢い夢華神楽社中のように、石見神楽の社中から習得したものを取り入れるなどしなければ、神楽奉納を復活させることはできなかったといえよう。

類似の事例は、獅子舞においても過去に見られた。一度中断したのちに、全く異なった演じ方で復活しているのである。例えば、松山市津吉町の獅子舞は、明治の半ばまでに二頭立ての庭獅子であったと記録されるが途絶えてしまい、その後に周辺地域と同様の一頭立ての獅子舞として復活している。西条市丹原町古田《こた》では、多人数のムカデ獅子に、この地方には見られない二人立の遣い方が混じっており、讃岐の

大々神楽「八幡」

遍路に教えられたと伝えている。すなわち、前者は周辺地域と同じ民俗文化の中に組み込まれたものであり、後者はむしろ差別化が図られたことになる。

さて、民俗文化が伝えられていく方法には、伝承と伝播がある。一般的な理解としては、世代を越え時間軸に沿って伝えられるのが伝承であり、水平軸に沿って地域間で広がる場合が伝播であると考えられる。右の獅子舞はいずれも伝播に当たるが、周桑地方の神楽は、こうした枠組みとは異なり、時間軸では復活、水平軸では移入ということになるであろう。したがって、民俗文化としての定着化が図られたという段階にまでは至っていない。しかし、民俗芸能が地域社会に新しく根付いていく始まりは、案外こんなものであったかもしれない。構成メンバーや演目も年々に変化しながら活動を続ける新しい神楽社中の動向に、今しばらく注目してみたい。

物語文学の民俗化　―新田氏伝説の生成―

私たちの暮らしの中には、ある集団のなかで事実として信じられている伝承が数多く存在する。四国地方の狸をめぐる伝説も、そうした類の一つであった。そのなかで、多くの狸伝説とは少し異なる事例が、松山騒動をめぐる八百八狸《はっぴゃくやだぬき》やその総帥《そうすい》である隠神刑部《いぬがみぎょうぶ》狸の話である。これは、『伊予名《な》草《ぐさ》』や『伊予乃湯下駄《いよのゆげた》』などの実録体《じつろくたい》小説に描かれた松山騒動の話が基になっている。もちろん「松山騒動」自体がフィクションなのであるが、文学に描かれた物語が伝説化して人々に信じられるようになり、さらには史実化して伝承されるなかで、八百八狸を祭祀する山口霊神なる祠《ほこら》まで作り上げた。このように、ある物語文学から民俗伝承が生まれて伝説化し、人々の価値観にも多大な影響を及ぼした事例は少なくない。

さて、以前に群馬県の上毛《じょうもう》新聞から新田義貞《にったよしさだ》（～一三三八）やその三男義宗《よしむね》（～一三六八）など、鎌倉末から南北朝期の南朝方武将である新田一族を祭祀する新田神社の分布に関して問い合わせを受けた。新田氏発祥の地である上野国《こうずけのくに》（群馬県）には、意に反して新田神社が一社しか存しないという。ところが、四国には数多くの新田神社が存するようだが、それはなぜかというのである。

確かに四国には、一社の香川県を除いて、法人登記された新田神社だけで愛媛県に十五社、徳島県十七社、高知県十四社と数多く存在する。その理由を特定することは、正直にいって難しい。しかし、法人化されていない末社《まっしゃ》や小祠《しょうし》を加えると、その祭祀数はさらに増加する。特に徳島県では、吉野川中流域の山村を中心に六十社余に達するとされる。さすれば、そこには何らかの背景が存在するというものである。

新田氏の興亡に関連して、十四世紀半ばに成立した『太平記』が知られる。南北朝内乱期の人間像を描いた軍記物語で、愛媛県や四国に関わらせた記述も多い。そのため県下には、『太平記』から派生したと考えられる新田氏ゆかりの伝説が少なくない。今治市国分には、伊予で没したとされる義貞の弟・脇屋義助《わきやよしすけ》の墓が設けられ、近世以来さまざまな顕彰活動が展開された。また、世田山合戦の後、隠岐島《おきのしま》へ落ち延びたという篠塚伊賀守《いがのかみ》の供養塔が上島《かみじま》町魚島《うおしま》に伝承される。

さらには、『太平記』に記述されない、二次的な伝承も形成されている。伊予市大平では脇屋義治《よしはる》を祀り、四国中央市川滝町や松山市河中町、内子町中田渡《なかたど》、西予市宇和町などには新田義宗の墓所や祭祀伝承が伝わり、近世の地誌にも散見される。

また、近世に入った延宝五（一六七七）年には、多々良一竜《たたらいちりゅう》による『後《ご》太平記』も刊行されて、「予州新田宮鳴動事《めいどうのこと》」が取り扱われる。新田義宗と脇屋義治は、東国での合戦の後に伊予国へと落ち延び、死後に神と祀られるとともに、足利の御《み》世《よ》にこれが震動して鳴り止まなかったというのである。さらに『予陽郡郷俚諺集《ぐんごうりげんしゅう》』では、室町幕府十五代将軍の足利義昭が福山市鞆《とも》の浦で猿楽能《さるがくのう》を催したとき、伊予・道後の新田宮が鳴動し、この方より黒雲が矢のごとくに飛び来たって、人々が大騒ぎとなった伝承を記している。

脇屋義助の霊廟と近世の顕彰碑（手前）
（今治市国分）

松山市河中町の両新田神社と
新田義宗ゆかりの杖椿

このように、『太平記』の記述は、近世に新たな物語の生成と発展を促し、さらには在地の伝説として取り込まれていった様子がうかがえる。しかし同時に、新田宮鳴動の背景には、ある意味で非業の死を遂げた新田一族の御霊《ごりょう》の働きが見え隠れする。その悲運さゆえに、人々の祭祀を受けやすかったものと見られる。

加えて、愛媛県や四国における新田神社の多さも、南朝方に与《くみ》した在地土豪の存在とともに、こうした御霊信仰を育む民俗的風土が関わっていると見られる。その風土性こそが、虚構の物語に史実性を付加し、民俗社会のなかで新田氏伝説として生成させていった、最大の要因と考えられるのである。学校の怪談や口裂け女などに代表される現代社会における都市伝説の盛況とは裏腹に、旧来の神話・伝説は、その語りを失いかけている。もっとも、その生成には、虚構に信憑性が与えられるという共通項が存在した。しかし、民俗文化としての伝承のされ方は、大きく変わったといわねばならない。

へんどの畝越し ―譬えの妙と民俗文化―

梅雨明けの早さと干天続きのなか、ある年の夏の終わりに不安定な気象が続いたことがある。そろそろ一雨欲しいものの、雷鳴のとどろきとともに降りかけては、すぐに止んでしまう。結果として、お湿り程度にしかならない、はっきりとしない天気が多い年であった。こんなにわか雨もようの天候を、西予市城川町遊子谷《ゆすだに》では「へんどの畝《うね》越し」と譬《たと》えた。さらにその心は、「ボロで捻《ね》じった」となるのだという。

こうはいっても、いくつかの民俗的な背景を解説として加えないと理解できにくい。先ずは、遍路道や札所寺院を外れて四国の村々を経巡《へめぐ》りながら、遍路を行う人々の存在があったことを理解しなければならない。遍路道からは随分と離れた城川の山里にも、時折、多様な遍路者たちが訪れた。その人たちは、長い放浪生活のなかで、概して薄汚れた遍路衣装を身にまとい、日々に報謝《ほうしゃ》を求めて村々

遊子谷上川地区より唐岩峠方面を望む

を回ることが多かった。加えて山村においては、今日とは異なり、隣村へ至る交通路として一般に山の尾根や峠、すなわち畝を越えて往来するのが常であった。そのため、一通り谷筋の集落を回ると、遍路たちは曲折した山道をたどり、唐岩峠《からいわんとう》へと上って大洲市肱川《ひじかわ》町予子林《よこはやし》へと向かったのである。遊子谷のなかでも峠の対岸に位置する上川地区からは、こうした様子が遠くに望まれ、人々は木の間隠れに見えるボロをまとった遍路たちの畝越しの光景に、ボロ、ボロと降りかけては止んでしまうにわか雨の降りようを譬えたのである。そして、結局は予想に反して雨らしいものがほとんど降らなかったために、これをさらに「捻じった」と付け加えて表現したのである。まさに素朴ながら譬えて妙というべきであろうし、外来者には分からない、その土地に暮らす人間ならでは言い回しでもある。

さて、私の在所である西条市丹原町田野地区では、丁寧過ぎるさまを指して、「浄明寺《じょうみょうじ》はんじゃあるまいに」という。これは、浄明寺が近世の神仏習合時代に氏神である綾延神社の別当寺《べっとうじ》を務めていた時代、祭典のため神社へ出向いてくるのに際し、当番の村方や神主より七度半《しちどはん》の使いを立てて案内していた民俗が背景にある。七回出向いてもなお動かず、八回目の案内に際し途中で出会うという、大変に敬意をこめた待遇表現である。したがって、村内に殊更に丁寧な対応を求める者がいたときなどに、いささかの揶揄《やゆ》をこめて、このように譬えたのであった。もっとも、七度半の使いの民俗事例は県下にも数例あるが、これが物事の譬えとして地域の民俗のなかに取り入れられたのである。

あるいは、周桑平野随一とされた綾延神社の秋祭りは、田野市《たのいち》と呼ばれて祭礼市が立ち、かつては周辺地域から万余《まんよ》の人が群参して賑わいを見せた。地元の人々は、このさまを「田野市見たか、こうの池の水飲んだか」と、あの世における死者の表現に譬えた。すなわち人々は、周桑地域において綾延神社の大祭である田野市の賑わいを知らないことは、こうの池の水こと末期の水を飲んでいないのに等しく、あの世に行ってもほかの人々と話にもならないので、もう一度娑婆に帰って見直してこいという譬えで表現し、その賑わいを自慢したの

多くの伝説を伝える金蓮寺

である。

ちなみに中予地方には、こうした事例の一つとして「大ごと金蓮寺《こんれんじ》」の譬えがある。ある時、猿楽を演じるために伊予郡松前町の金蓮寺へ向かう大森彦七が、砥部町麻生の矢取《やとり》川に差し掛かったところ、楠木正成の亡霊とされる鬼女が突然に襲い掛かった伝説にまつわるものである。川を渡れないで困っていた娘を背負って渡ろうとした彦七に、鬼女に変身した娘が襲い掛かり、大いに慌てたものの九死に一生を得たという伝説が伝わる。このことから、思いがけないことに出くわして、大へん驚き慌てる様子を表現するときなどに、この譬えが用いられてきた。

かつて柳田國男は、『郷土生活の研究法』の中で、民俗文化を有形文化・言語芸術・心意現象に三分類した。このような譬えの民俗は、諺《ことわざ》の範疇《はんちゅう》に含めれば言語芸術に当たるが、むしろ心意現象に含まれるべきもので、柳田が述べるごとく、まさにその土地に住んで生活し、その体系的な民俗文化を背景としなければ実感として理解できないものだといえよう。ところが、こうしたその土地ならではの譬えの妙というべき表現が、ついぞ聞かれなくなって久しい。これも現代社会における、一元的とも評される知識の獲得による歪《ひず》みの一つであろうか。さらには、暮らしのなかで、民俗文化が体系的に伝承されにくくなったこととも関連する。何事においても、民俗伝承の断裂化が進んだためか、物事の準備にも殊更な説明やマニュアルが不可欠になってきた。民俗伝承とは、意識してなされるものだということを考えると、マニュアル化という伝承手法の不備も明らかである。

しめ縄のことども

愛媛県下の秋祭りは、旧暦八月十五日ころに行われる今治市大三島を皮切りに、十月に入ると、おおむね松山地方から東予地方および中予山間部や南予地方の各地へと展開し、十一月の末を以てほぼ終了する。もっとも、こうした祭礼日程は、一般に理解されているほど伝統的なものとはいえず、近世以来、度重なる変遷を経て日程の統一などのあったことは、本書のなかでも触れている。

さて、近年では神輿《みこし》やダンジリ・太鼓台《たいこだい》などの練り物が操り出し、獅子舞や鹿踊りなどが演じられる時間や空間を祭りとして意識することが多くなったが、本来の祭りはもっと幅の広いものである。したがって、祭りの始まりと終わりを示す行為や表現も多様である。県下では、幟《のぼり》立て・幟倒し、シメアゲ・シメオロシ、オハケオロシ・オハケ倒しなどの表現が用いられてきた。すなわち、幟やしめ縄・オハケの標示が祭りのしつらえとして大切な意味を持ってきたのである。

大三島の甘崎《あまざき》では、祭りの数日前に地区の共同の水汲《く》み場やその年の頭屋にしめ竹を立ててしめ縄を張ることから祭りが始まる。こうした所作を一般にシメオロシないしシメアゲという。しめ竹を立てて神霊を招く、あるいはしめ縄を高く掲げる意であるかと思われ、芸予諸島から今治市・西条市西部の周桑地域を中心に分布する文化で、ほぼ頭屋制度とセットになっている。記録上も十六世紀まで遡《さかのぼ》る、中世的な祭祀要素の一つである。

このしめ縄は、一般には神聖な場所であることを示すとともに、不浄で邪悪なものの侵入を防止するための施設と理解されている。したがって、神域の結界として張られることはもちろんであり、近年では松山市街地の秋祭りにおいて、延々とナイロンロープを代用したしめ縄も見られるようになった。また、西条市丹原町田野の宮下部落では、総鎮守と村氏神二社の宮本集落ということもあって、集落内に葬儀のある時には、集落両端に位置する神社境内との境に一メートル足らずの小さなしめ縄を綯《な》い、竹に指して立てかける。これをオソレと称し、葬儀に伴う不浄が神域へ侵入することを防いでいる。しか

社頭の大しめ縄

祭りに墓地に張られたしめ縄（徳島県美波町木岐）

し、ときに逆の場合もある。徳島県海部《かいふ》郡美波《みなみ》町木岐《きき》では、秋祭りに神輿の渡御《とぎょ》経路にあたる道筋の墓地に、その前に限ってしめ縄を張る。つまり、防御機能にいま少し積極的な意味を加え、不浄の封じ込めのためにしめ縄が用いられているのである。

他方で、しめ縄の民俗伝承は危機を迎えている。全国的には、しめ縄の専門メーカーも数社あり、都市部の神社など、基本的に外注に頼っているところも少なくない。農村でも、生活自体が一変し、暮らしに縄を用いることもなくなった。家での縄綯い作業はもちろん、田舎ならどこにでもあった縄工場も昭和の時代に消えてしまった。加えて、大手ホームセンターの商品分類からも近年に「縄」の標示が消えてロープになった。今や、縄の文化は、神社のしめ縄のなかでかろうじて命脈を保っているといっても過言ではない。しかし、これとても稲刈りにおけるコンバインの普及により、材料となる長めの藁《わら》を確保し入手することにも事欠く事態が生じている。

私が奉仕する綾延神社の秋祭りも、膨大なしめ縄を必要とし、長いものは一本が八十メートル、総延長は数百メートルに達する。当番に当たった地区では、古老を総動員して数十本のしめ縄を綯いそろえる。当然ながら、藁の確保や選りすぐりなど、世話役の手間も生半可ではない。こうして祭り準備の日には、軽四トラックいっぱいのしめ縄が運び込まれる。

さて、しめ縄の民俗に関連してその本数にも差異がある。通常は、一本縄を張る例が圧倒的に多いが、これを二本張る例がある。例えば、京都府の石清水八幡宮では、九月に行われる頓宮《とんぐう》への神霊の

左縄と右縄を合わせた綾じめ（西条市・綾延神社）

渡御にあたり、これに用いる鳳輦《ほうれん》に左綯いと右綯い二本のしめ縄を張り巡らすことになっていると聞いた。県下でも、綾延神社では、しめ竹および社殿に張る主要なしめ縄について、左綯い・右綯い二本のしめ縄を合わせて用いる慣例となっている。神社では、これを「綾じめ」と称し、見た目が綾織風になっているが、目下のところ、寡聞《か》にして他社での類例は聞かない。

しかし、こうした縄の文化、なかんずく縄を綯う文化は、着実に私たちの暮らしから遠ざかっている。綾延神社でも、祭り文化の保存に取り組む中で、農村とはいえ、このことをもっとも危惧している。変質した暮らしとは異質なところで、しめ縄文化の後継者育成が図られねばならない。すなわち、暮らしの中の普遍的な文化であった縄綯い作業が、祭りという非日常的な空間を支える特殊技術になりつつある。

民俗語彙の残存と変化　―オハケ考―

毎年の秋祭りの季節が巡ってくると、伝承方法や運営の在り方に関連して様々な問題点を抱えながらも、総じて愛媛の祭りはなお健在であると思う。実はここ数年、文化財指定を目指す宇和島市吉田町立間《たちま》と大洲市阿蔵《あぞう》のともに八幡神社祭礼調査と関わっている。その中にかろうじて語彙《い》が残存するものの、実態が失われた民俗にオハケがある。

宇和島市やその周辺では、掃除や幟立てなど祭りの準備作業やその作業日のことを指して、「オハケ」「オハケオロシ」と称する地域が少なくない。件《くだん》の吉田町立間の八幡神社の秋祭りは十一月二日、三日であるが、その準備作業に当たる十一月一日のことを地元ではオハケと呼んでいる。神社の清掃やしめ縄の張り替え、幟立てや提灯張りなどを関係者総出で行うのである。しかし、吉田町を含めて多くの場合、全く無意識に語彙のみが使用され、その本来の民俗としてのオハケは消滅し、その

大洲市八多喜のオハケ（1988年）

意味合いもすっかり忘れ去られてしまっているのが実情である。民俗としての実態が変化あるいは消滅してしまい、民俗語彙のみが残存した典型例と言えるであろう。

さて、オハケは本来、人々が祭りに際して神霊を招くための招《お》ぎ代《しろ》、すなわち神の依代《よりしろ》であり、その形状も地域差が見られて多様である。一般にオハケは、祭りに先行して設けられ、頭屋の庭先や神社の境内およびその近辺などの清浄な場所に忌み垣を構えて立てられる。西日本を中心に関東地方に及び、一部東北にも亘っている。愛媛県下においても、氏神などの祭りに先立ってオハケを立てる地域があり、宇和島市と周辺の南予地方南部を中心に、大洲市や瀬戸内の大三島・二神島などに及ぶが、廃絶したところも多い。記録として本県の最も古い例は二神島で、中世末の永禄十二（一五六九）年の祭祀文書が残り、「はけおろし」の表記が確認できる。すなわち、語幹は「ハケ」で、これに接頭語の「オ」が付いたことが分かる。残念ながら二神島では、オハケの民俗は全く消滅してしまい、語彙さえも残存していない。

先の吉田町・八幡神社の場合には、幕末の祭礼記録に「御はけ」と見え、オハケ竹を調達したことがうかがえる。吉田町では失われているが、現在も宇和島市三間町音地や北宇和郡鬼北町国遠では、真竹の先端を落として三ないし七段の枝を残した高さ七、八メートルのオハケ竹が社頭に立てられ、四方にしめ縄を引き下ろす。オハケを設けることを、オハケタテ・オハケオロシと称するが、併せて祭礼の始まりをも指す。また、南宇和郡愛南町の平城や緑、西海および一本松地区にも広く分布し、

◀愛南町沿岸部の
竿竹型のオハケ
（愛南町船越）

▼笹竹型のオハケ
（宇和島市三間町）

沿岸部では枝を落とした竿竹に白木綿を巻いたものへと形状が変化しているところが多い。社頭やお旅所の近くに設けられ、供物を捧げて神霊を招くことは共通している。したがって、宇和島地方のオハケは、明らかに神霊奉斎のための施設であることが明確である。愛南町御荘平城では、神輿の宮入に際して牛鬼がオハケを倒し、外泊では宮出しに当たって牛鬼が倒す習いであるなど、祭りの展開に大きな区切りを付ける施設となっている。

　さらに言えば、神楽に付随した施設と見られ、伊予神楽の神楽本にもホウトウの呼称で図示される。笹竹を円錐形に組み、周囲に幣束を立てて供物を供えている。高知県下に見られる奉堂《ほうどう》のことで、正しくオハケである。三間町音地の白髭神社では、伊予神楽の全演目を演じる場合のみオハケを立て、半神楽の年には立てなかったという。こうしたことから勘案すると、宇和島地方のオハケは、神楽のための神招ぎの祭祀習俗として位置づけられる。

　一方の大洲市では、高さ七、八メートルの二本の竿杭を立てて先端に笹竹を添え、上部に渡した横竹にしめ縄を張り渡し、その下に提灯を三個並べて高く吊り下げた施設を神社の参道や神輿の神幸《みゆき》の道筋など集落単位に設けるが、これをオハケと呼んでいる。同市阿蔵では、八幡神社の祭礼準備が行われる十月三十一日に、古久米武田組がオハケタテと称して神社参道に設けるほか、有松、池冨、柴尾などの集落単位に設けられる。しかし、城地《じょうち》、下里《さがり》、深井などの組では一燈のみの提灯へと変化してしまっている。また、周辺の高山、西大洲、中村や菅田町の各地、肱川下流の八多喜《はたき》地区のほか、上流の肱川町予子林《よこはやし》にも伝承されるが、一部ではオハケの呼称は失われている。宇和島地方のように神事を伴うこともない。さらに、一部の地域ではしめ竹やしめ縄を伴わず、本来の神招ぎの施設から形状が変容してしまった事例も見られる。同様の施設は周辺の八幡浜市保内町にも見られるが、こちらでは提灯を指して呼ばれ、オハケの語彙は用いられていない。なお、類似の施設をオハケと呼ぶ例は、大分県や山口県にも報告されている。

以上、二つの八幡神社のオハケの民俗事例から見えてくるものがある。一つは、実態としての祭祀習俗が失われた語彙残存の事例であり、一つは語彙の示すものとは異質なものへの民俗変化である。悠久の時間の中で繰り返される祭祀習俗の中には、こうした事例が少なからず散見される。かつて祭りのことを、広く中世以来「申《もうし》」と称したのもその一例である。瀬戸内の島々では、宵祭りを指す宵《よい》の申が訛《なま》って宵のムシとなっているところが多く、人々も頭を捻ることしきりである。

地祝いと鍬初め　―愛媛の基層文化―

周桑地方の年初のある会合で、しだいに見かけることが少なくなった正月の予祝《よしゅく》儀礼である「地《じ》祝《いわ》い」の行事が話題になった。一月十一日の朝に屋敷畑などの一角に畝《うね》を作って樫《かし》の木やススキの穂を立てて御幣（シデ）を垂らし、周囲に茅の茎の幣串を十二本（閏年は十三本）立てて地神を祀《まつ》り、山草（裏白）や若葉（ゆずり葉）、半紙を敷いて米や重ね餅、いりこ、神酒などを供えて鍬を打つなどし、その年の豊穣を祈願する農耕儀礼である。周桑平野では、今も細々ながら各地で行われており、用いる木や畝立ての有無、供物の仕方など家ごとに微妙に方法を異にしている。

新居浜市大生院《おおじょういん》では、ススキの穂（オバナ）を十二本束ねて樫や松、栗などの木を添えて御幣をつけ、重ね餅と神酒を供えて周囲に裏白やゆずり葉を指した。今治市の大島では地神《じじん》さんともいい、所有する田畑一枚ごとにススキに御幣（ノサ）をつけて松葉や山草とともに立てて回った。また伯方島や佐島では、行事の途中に人に会っても口を聞かないものだという。

さて、十一日の地祝いに対して、これを一月二日に行う地域がある。鍬初《くわぞ》めと称する所が多く、むしろ四国ではこちらが主流である。愛媛県でも松山平野以南および東予の宇摩地方では二日に行われ、鍬初めまたは南予では掘り初めとも呼ばれてきた。東温市上村では、屋敷近くの田の一隅にススキや女竹を立てて半

周桑地方の地祝い（西条市丹原町 2010年）

鍬ぞめ
（伊予郡砥部町 1989年）

鍬ぞめ
（東温市 1975年頃）

紙を切った御幣を垂らし、周囲に家族数あるいはこれに牛の数を加えた幣串を立てて地神を祀る。鍬で一掘りしたところへ山草を敷き、餅や米、神酒、田作り、数の子、干し柿、みかんなどを供え、鍬を打つ仕事の所作をして「地神さん地神さん、千石万石できますように」と唱えながら拝んだ。

一方、伊予市・伊予郡の山間部以南の南予地方では掘り初めとも称し、鍬を打ち込んだ窪みに供物の餅などを半紙や山草等に包んで埋め置き、後で子どもたちが掘り起こして餅を集めて回ったりした。一見したところ遊戯性が強いようにも見られるが、西予市城川町では儀礼的な要素が強くうかがえる。二日の早朝に明きの方の田または畑で行い、鍬を打って穴の中に輪じめ（しめ飾り）を置いて山草を敷き、半紙に包んだ干し柿・餅・みかん・イリコに祝儀を添えて土中に埋め込み、御幣を三本立てる。そして、元日の夜に泊まり初めに来た男児を同道して埋めたものを掘り取らせ、家では雑煮を食して祝儀を与えたのである。

ところで、この地祝いと鍬初めの行事分布は、愛媛県の民俗の地域性を考える上でたいへん重要な意味を持っている。というのも、私たちが地域に根付いた暮らしを展開していくなかで、人々の暮らしの中心となる生業に関わる農耕の予祝儀礼に古い形、すなわち基層文化を見出すことができると考えられるからである。

両者の分布はかなり明確に区分され、十一日に行う地祝い系の分布は、四国では徳島県東部などに部分的に存在するほかは、愛媛県の新居浜市から西条市、今治市、上島町、さらに松山市北部にあたる旧の風早郡および和気郡の北部に限定される。これは、しまなみ海道を隔てて山陽の広島県東部から岡山県、そして山陰の鳥取県西部および島根県東部や隠岐島へと続きな

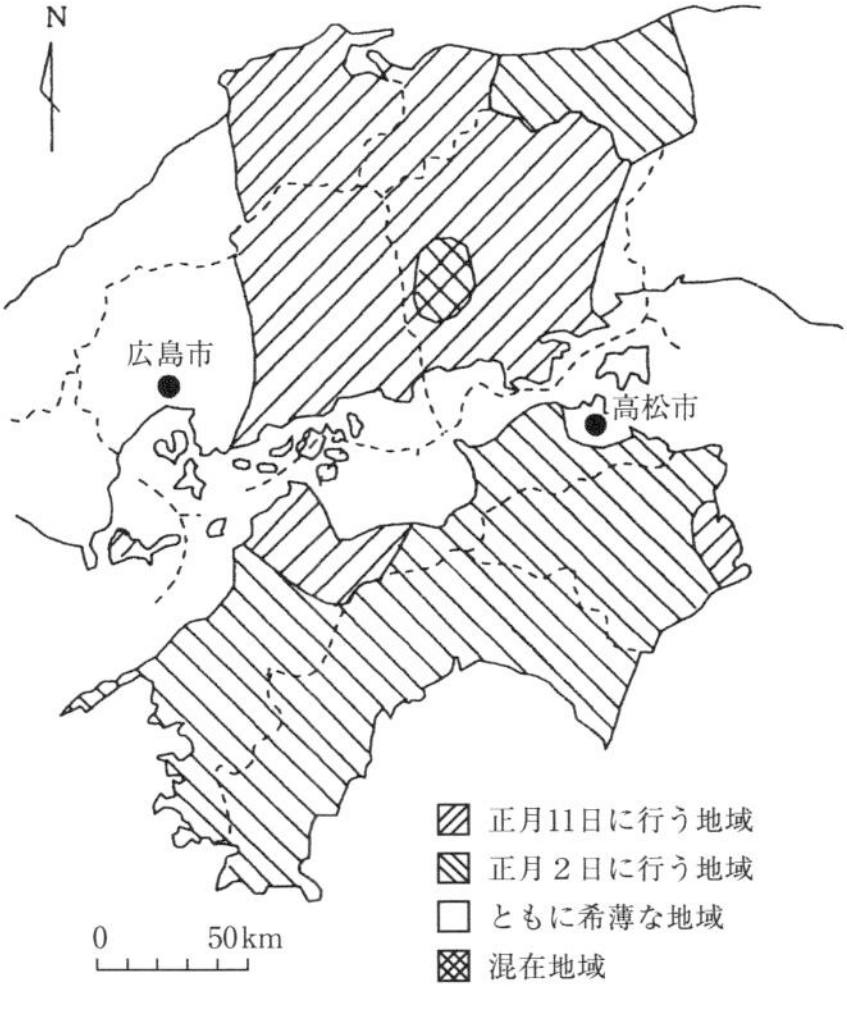

図１　中四国の予祝儀礼分布

がらも、限定的な分布を示している。また、鳥取県も東部では二日となる。

これらの民俗分布を地図上に示すと、図1のようになる。すなわち、年頭の予祝儀礼そのものが希薄な中国地方西部の浄土真宗が盛んな地帯を除いた中四国は、大正月に引き寄せられて二日に実施することの多い四国地方と小正月に近い十一日に行うことの多い中国地方東部に二分されることとなる。さらに、瀬戸内地域に限定すれば、愛媛県東部から芸予諸島地域のみが十一日であるという特異性、および中国筋との文化的関連性が明確に浮かび上がってくる。

こうして形成された文化領域の差異が基層文化となり、その後の中世的な祭祀構造としての頭屋制度などの祭祀習俗や近世的な民俗芸能の伝播などを含め、瀬戸内海地域における民俗文化の分布の広がりを規定してきたと言えるであろう。

第二章

地域社会と民俗伝承の変化

落書きの民俗

人が自己の存在を何らかの方法で後世に伝えようとすることは、至極当たり前な行動の一つであろう。社寺における玉垣や寄付石、掲額に記名することは、その典型である。すなわち、宗教的な信念や価値のみではない、世俗的な現実を伴っている。「石を建てる」とか「石にのこす」という表現がしばしば用いられ、人生の目標ともされてきたが、人が自己の存在を社会的に認知されたいと願うことは、決して不自然なことではないはずである。

例えば、近代社会において移民や移住によって故郷を離れた人々が、新天地で成功をなし遂げたとき、まとまった寄付金とともに自らの名前を石に刻んで残そうとした事例は多い。ちなみに、郷党においても、こうした出郷者たちに期待した部分は大きく、距離を隔てながらも、檀家や氏子としての関係を保とうとする。特に、寺社の普請においてはその合力が大いに期待され、今治地方では「散り氏子」などと称されて、在郷者に準ずる存在とされている。もっとも、こうした事例においては、記名行為をする者とその人を知る者の存在が前提になければならない。

このように見てくると、相互の認識を伴うことなく、記名者が一方的に名前や主張を残す民俗が、いわゆる「落書き」であろう。本来、歴史的には、落書《らくしょ》・落首《らくしゅ》として扱われ、平安時代より、社会に対する批判や風刺の意を込めた匿名の文章や詩歌を指し、人目に触れやすい所にあえて掲げられたりした。これが、のちに社会性や匿名性が失われて、広くいたずら書きのことを意味するようになる。いわば、手なぐさみに類するもので、基本的に悪意は存在しない。この点、今日的な落書きとは、やや趣を異にする。

そして、この落書きが普段とは異なる非日常的な所で行われるとき、人々は自身の名前を記名するという行為に及ぶことがある。修学旅行をはじめとする旅先での自身の経験に照らせば、おおよその見当はつくであろう。このことは、学校の机や公衆便所の壁面など日常空間における落書きが匿名や無記名であることが多いのに比べて、対照的である。

実は、こうした落書きによる記名を、四国八十八ヶ所の札所寺院に多く見ることができる。古くは、十六世紀初頭の落書きが現存するが、このうち記名のある最古の落書きが松山市の四十九番札所・浄土寺にある。本堂厨子《ずし》の側面に墨書された、大永五（一五二五）年のものである。この年に四国遍路にやってきた、越前《えちぜん》国（福井県）一乗谷の住人で「ひさの小四郎」と記している。浄土寺には、他にも同時期の三河国（愛知県）の地名や中四国各地の地名とともに数人の名前が落書きされている。また、高知市の土佐神社本殿にも、元亀二（一五七一）年の岡山県や京都府からやってきた遍路の記名落書きが残っている。

同様に、近世後期から近代のものでは、松山市の五十一番札所・太山寺の鐘楼《しょうろう》内にも、雑多な落書きと記名を見つけることができる。納札に準じた書き方で住所と氏名を記すものが大半で、中世の

49番札所　浄土寺本堂厨子の落書き

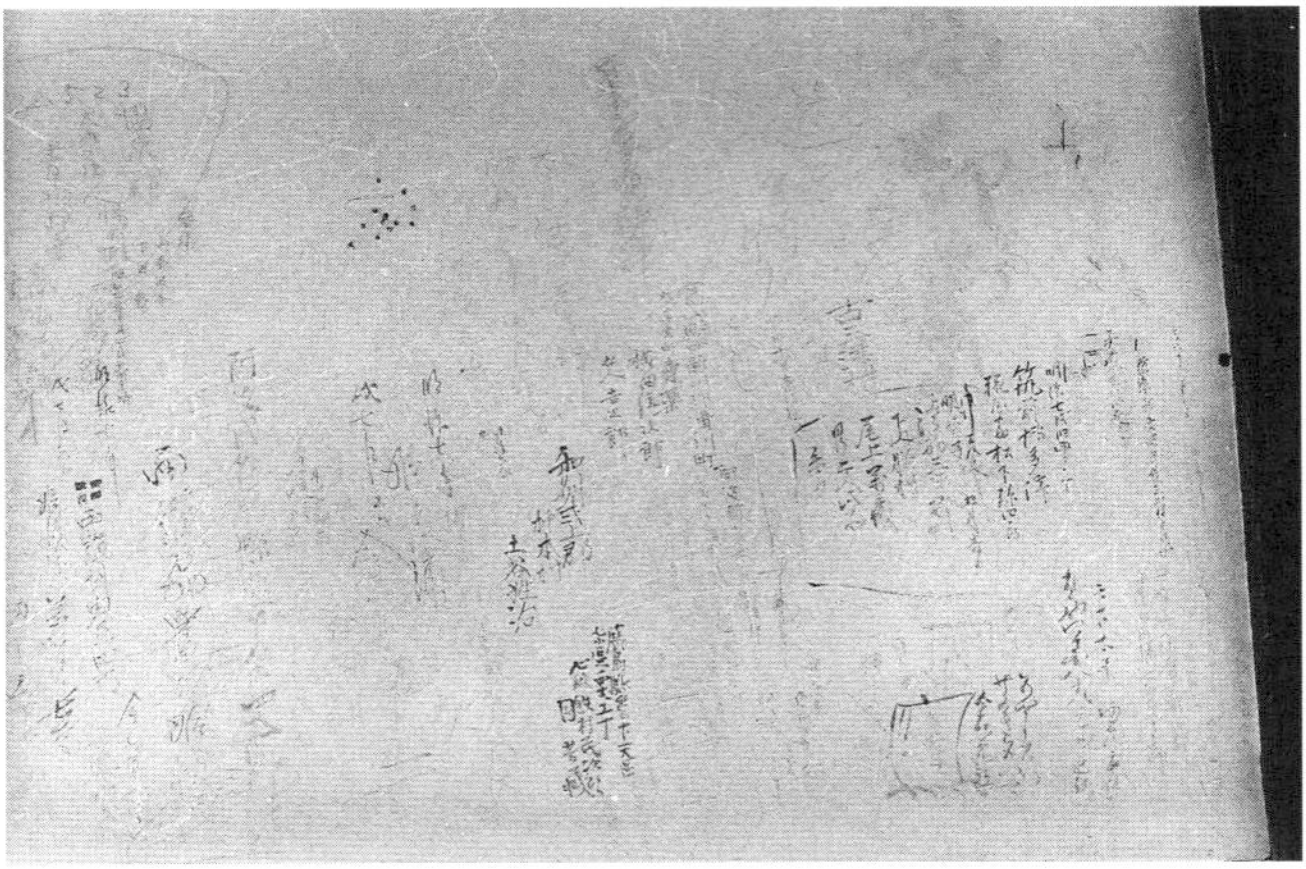

52番札所　太山寺大師堂にあった遍路の落書き
(1979年)

ものに比べて、形式化が図られた様子も見られる。かつて、木製の納札を堂宇に打ち付けたことから、札所への巡拝を「札を打つ」という表現が普遍化するが、この落書きは紙の納札を貼り付けたことに由来するとも考えられる。すなわち、より直接的な記名の民俗といえよう。同時にそれは、札所の落書きが四国遍路を介した一つの民俗文化として伝承されていたらしいことを示唆している。

このような遍路が残した落書きは、札所という非日常的な空間の中で、記名という方法をとって今日まで継承されてきた。それは、一般的な寺社への祈願が干支や年齢のみの匿名表示であることを考え合わせても、四国遍路における祈願方法を特徴づけるものとなる。もっとも、遍路の残した記名の落書きには、後から巡ってくるであろう遍路たちへのメッセージ的な要素も強かったと思われる。なかでも、近代の落書きには、出身地を記号化した表示が多く見られ、㋑㊁（伊予）・㊏（土佐）・㋐（阿波）・㋚（讃岐）・㊂（高松）・㊎（琴平）などの文字記号が多用されていた。その他、場所の特定ができかねるものに、㊈・㋖・㋤・㊥・□・〼・㊐などがあり、その多様性を見ることができよう。昭和の終わりころには、松山市内の浄瑠璃寺・石手寺・太山寺には、まだ多くの遍路落書きが残されていた。

いずれにしろ、私たちにとって神仏の前で自らの名前を記すという行為は、人間存在とも関わる重要な自己主張であった。今日の社会規範から判断すると、記名の落書きは一般的には容認されないものとなっている。しかし、それはある意味で、私たちにとって欠くことのできない文化的営みの一つでもあったように思われるのである。

牛と馬のいた風景

日本人の生活風景から随分と遠のいてしまったものの一つに、牛馬の存在がある。もっとも、少し前には日本でも狂牛病の話題がかしましく、このところでは一獲千金を夢見る競馬人気も盛んである。したがって、私たちにとっての日常的な生活において関連性を感じられないわけではないが、ここで取り上げようとするのは、役畜としての牛馬と人間生活の日常的つながりのあり方である。

愛媛県における牛馬飼育の歴史は古く、平安時代の「日本三代実録」や「延喜式《えんぎ》」には、松山市の中島が牛馬の放牧場として公認されていたことが記されている。しかし、全県的にどの程度の飼育がなされていたのかなど、詳しいことはよく分からない。それでも、江戸時代には随分と普遍化したと見えて、牛馬を併せた数は当時の戸数の半分近くに達する。例えば、幕末の大洲藩では『大洲藩領史料要録』に「牛六八八〇疋、馬五七六三疋」と記録されている。また、牛の突き合いが盛んであった宇和島藩では、『大成郡録』によると宝永三（一七〇六）年で「牛四三九六疋、馬五四五一疋」、宝暦七（一七五七）年には「牛五三一七疋、馬五四五一疋」とあり、牛よりも馬の飼育頭数がわずかだが上回っていた。

ところが、明治の半ばになると、県下で牛が約三万五千頭、馬が二万一千頭と明らかに牛が多くを占めるようになる。とはいえ、四国内でも牛が圧倒的に多かった香川県や馬を優先した高知県とは異なり、どちらかといえば折衷的といえよう。すなわち、愛媛県においては、牛馬ともに概して身近な存在であったということになる。

さて、こうした飼育状況の中で、県下ではどうも牛をめぐる民俗がより発達し、近年まで残存してきたように見られる。さらには、そこに地域的な差異が伺え、西予市から大洲市南部以南とそれにそれ以北で大きく分かれてくる。すなわち、南予の牛の突き合い＝闘牛分布地域とそれ以外という区分が見えてくるのである。

例えば、牛を使役するために鼻に輪っか（ハナギ）を通すことが一般的ななかで、南予地方では棕《しゅ》櫚《ろ》縄（ハナゴ）を通すことが多い。また、使役方法や号令のかけ方も、地域によって異なる。そんななか、こと代掻《しろか》きの方法については、南予地方の多様さには目を見張る。一般に、東・中予地方の代掻きは牛一頭で行ったが、南予地方では数頭を同時に用いて行い、かつ流儀や種類が多種多彩であった。すなわち、南予地方の内陸部では代掻きから田植えに至る一連の農作業を共同労働として行う「イイ（結い・ユイ）」の制度が多く見られ、集落内の数戸から十戸くらいでまとまっていた。代掻きも、イイのなかの複数の牛を使って行い、通例は二〜三頭であるが、ときには五〜六頭にもなった。これらの牛を並列させてマグワを曳《ひ》かせたのであるが、田んぼの外側ないし進行方向の右に位置するのがオモウシで、これを使う人間をオモウシツカイと称して最も上手な者が当たった。一方、内側をウラウシ・カタウシと呼び、二番手の者が使う。そして、両者に挟まれた位置の牛がナカウシで、力の弱い牛を当てた。これらが、オモウシツカイの号令によって田んぼ全体を均《なら》していったが、方向転換などは熟練を要した。

なかでも、宇和島市や北宇和郡、西予市の代掻きには、伊勢流・神田流・小原流・観世流などの流儀があり、和霊神社のお田植え祭では和霊流が用いられたという。かつて、人々は、水田の状況を見ながら、多様な代掻き方法を駆使して、田植え準備を行ったのである。そして、こうした代掻きにおけるマグワの入れ方を図示したものを「鍬本《くわぼん》」と呼んだ。ちなみに、西予市城川町で採集された宝暦十（一七六〇）年のものには、八十七通りの入れ方と呼称が示されており、その種類の多さに驚く。

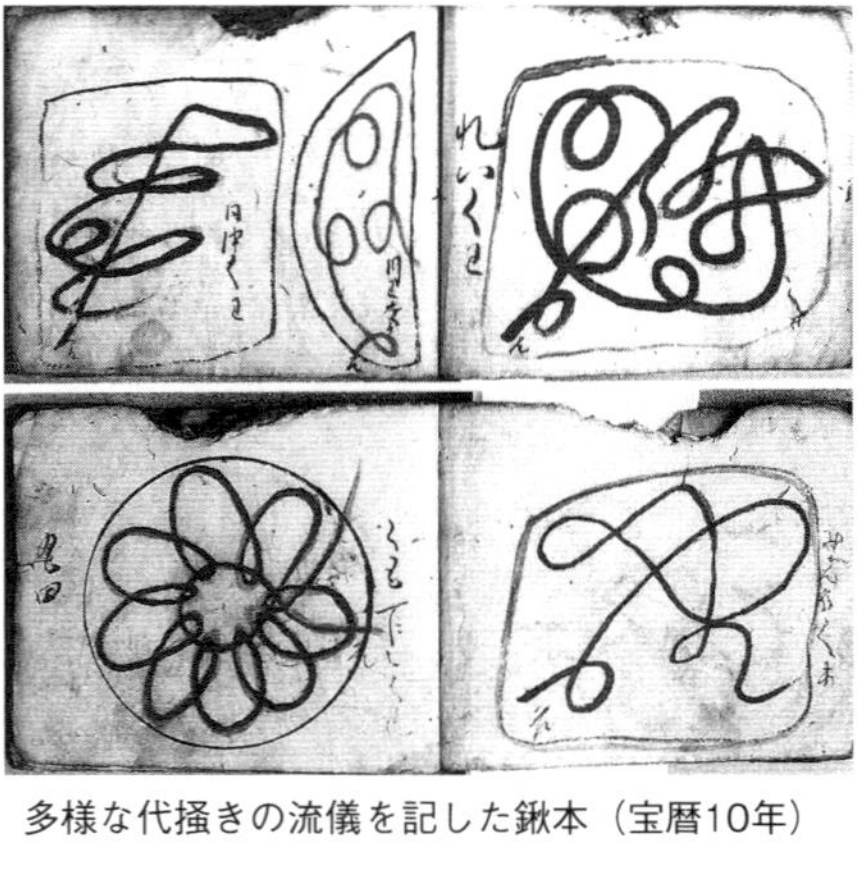
多様な代掻きの流儀を記した鍬本（宝暦10年）

しかし一方では、近代化のなかで南予地方の牛の生産頭数が急増する。この肥育牛（食肉用に育てられる乳牛の雄牛）の増加に伴ってか、この地方の牛を巡る儀礼的な民俗は概して希薄化しているといわねばならない。貨幣経済の浸透は、人間と役畜との関係も微妙に変化させたのであろうか。さら

御田祭りの代掻き（城川町 1970年頃）

に、農作業や山仕事の機械化とともに、牛馬がいた風景も失われて久しく、わずかに神事や突き合い（闘牛）などに形骸化しながら伝承されるのみである。

そのような中で、西予市城川町土居の御田《おんだ》祭りが、平成三十年より休止との報道が駆け巡った。近年では、泥んこ祭りの呼称で知られ、過疎が進む山里の貴重な観光資源ともなってきただけに、惜しむ声も少なくない。しかし、農耕牛がいなくなって牛による代掻き作業が消えるなか、突き合い用の牛を調教しての継続に無理のあったことは否めない。類似の事例に、今治市菊間町のお供馬がある。こちらも、本来は農耕馬を用いた競馬であったが、いなくなったことで愛馬会による飼育によって支えられている。いずれも、暮らしにおける牛馬の飼育という民俗基盤が揺らぐ中での保存活動を強いられてきただけに、よく持ちこたえてきたと称えるべきだろう。最終的な結論はまだ出ていないが、それが持つ神事性こそがこれまで継続させた力の源であろう。

私の在所でも、長く忘れ去られていた牛馬の守護神である「牛さんがん＝祇園牛頭天王」の石塔が、圃場整備を契機に有志の尽力により、場所を変えて村氏神の境内によみがえった。地域の子どもたちを交えた祭りを行い、民俗伝承の新たな取り組みも始まったが、直接的に牛馬を飼育して農耕に用い、その繁栄を祈る祭りを行っていた世代がいなくなったとき、やはり消滅してしまうであろう。

「伊予万歳」今昔 ―芸は身を立てる―

愛媛県を代表する郷土芸能の一つに、松山地方を中心とした「伊予万歳《まんざい》」がある。松山藩松平家初代の定行《さだゆき》が、正月行事に上方から万歳太夫《だゆう》を招いたのが起源ともされるが、近代には、むしろ農村娯楽として農閑期に興行が打たれ、祭りや縁日などの余興に演じられることが多かった。しかし、近年では、道後温泉その他の旅館やホテルなどで、観光客向けのお座敷芸として披露されるなど、その様相も変化した。それでも、なお中予地方の各地三十か所余りで伝承されている。しかし、その伝承の在り方は変化し、かつての「芸を習う」姿とは随分と様変わりして久しい。

万歳は、もともと正月などの祝福芸として発達したもので、始まりの掛け声によく表れている。伊予万歳も、古くは「徳若にご万歳」と正月を言祝《ことほ》ぐことばが唱えられていたが、戦時下には「日本帝国ご万歳」と変化し、戦後になって現在のフレーズである「郷土芸能伊予万歳」の掛け声となって久しい。また、三河万歳や尾張万歳などのように各地に旦那場《だんなば》を有して、巡回して上演したところもあるが、伊予万歳には、こうした性格は薄い。それでも地域社会からの要請が多かったころには、万歳芸を習得することが、ことのほか大きな意味合いを有していた。

民俗芸能が地域のなかで必要とされる理由は、いろいろである。例えば、県下で最も普遍的な芸能である獅子舞の場合、なかんずく中予地方においては、地域の青年たちにその伝承が義務付けられるものであった。南予の宇和海沿岸にも、三浦半島のほか青年たちに伝承が義務づけられた盆の供養のため芸能が色濃く分布する。また、盆踊りのように誰しもが習得する芸能もあった。ところが伊予万歳の伝承については、近代以降、次第に社中的な要素が強くなり、その伝承範囲は概して限定的である。

さらには、近代の万歳人気の高まりと普遍化のなかで興行的な要素が入り込み、万歳は一つの農閑余業ともなった。つまり、いくらかの収入を目的とした玄人的な芸人が存在したのである。そこには、身を立てるための芸の習得という民俗が存在した。

お座敷芸・舞台芸となった伊予万歳の松づくし

松山市五明のOさんが伊予万歳を習ったのは、十一歳から十四歳までの大正半ばのことである。当時、松山城下には太夫がいなかったので、仲間四人とともに、風早《かざはや》（松山市北条）方面の万歳の中心的存在であった、温泉郡河野村《こうのむら》（当時）のイワさんという太夫に付いた。周辺にも素人万歳はたくさんあったが、やはり太夫に付かないと演じる機会も限定される。そこで、稲刈りが終わり、麦を播《ま》き、その畝《うね》の修理が終わる春先の一時期に――それは農家にとって一番暇なひと時に当たるが――、一晩おきくらいで教えに来てくれた。一晩に四時間ばかりの稽古で、太夫への謝礼は一人七、八銭であったという。イワさんは、片道四時間かけて草鞋《わらじ》ばきで教えに来たので、習う側では夜食を出したほか、草履代として五厘、帰りの提灯のろうそく代が三本で六厘などが別に掛かった。また、扇子も高価だったので、二人で共用して使った。

老人ホームを慰問する伊予万歳の一行

Oさんたちは、農閑期といっても昼間は山で薪《たきぎ》取りをしなければならず、稽古は夜にランプの下で行った。当時、万歳の太夫は衆目の的であり、この田もあの山も買ったという話を聞くにつけ、「イワさんのようになりたい」が仲間たちの口癖であった。こうして、春先に実質一か月ほどの稽古を四年間行い、Oさんは十五歳で万歳の舞台に上がった。

当時の伊予万歳は、田植え前の田んぼで小屋掛けをして行う麦ウラシの興行か、民家の庭先で行うニワ万歳が主流であった。それは農村娯楽の花形でもあり、ニワ万歳では家の座が落ちるほどに人が集まることも少なくなかったという。万歳は、太夫以下十人ほどで行い、見物客からの放り花も、都合二十銭ばかりになった。同時に、万歳の一座には、白米の三角結びが振る舞われるのも大きな魅力であった。こうしてOさんは、各地から請われて年間に九十日ほども万歳に出たというから、当時の万歳人気は驚きである。しかし今日、こうした玄人の芸人はもういない。

近年、民俗芸能の文化財指定やその保存活動が活発化してきたが、一方で習得や伝承方法の民俗は大きく変化した。しかし、各種の報告書などでは、芸能自体の報告にとどまり、どのように伝承したかについては余り顧みられていない。伊予万歳についてもしかりで、今後の課題である。

風の民俗

科学技術の進歩とともに、私たちの自然に対する畏怖《いふ》や畏敬の認識は大きく変化した。それでも、こと気象については、まだ幾らかの謙虚さを止《とど》めている。そのため、晴天や雨雪とともに風（カゼ）への意識にも、顕著なものが認められる。

風は、私たちの日常生活と深い関わりを持つ存在である。気象用語ともなった春一番や木枯らし一号などのほか、風の向きや吹きようなども、私たちが常に意識してきた事柄である。童歌《わらべうた》でも、凧《たこ》揚《あ》げの風が吹いてほしい時に、「天狗さん風おくれ、イワシの頭を三つやろ、三つが嫌なら四つやろ、四つが嫌なら五つやろ」などと天狗に仮託した風神に風を請《こ》う歌が昭和の半ばまで歌われてきた。近年では、都市のヒートアイランド現象への対抗策として、打ち水によって小さな風を吹かせようとする取り組みなども行われている。しかし、風は多くの場合に忌避すべき対象でもあった。

特に、地域的な強風に見舞われることの多いところではなおさらである。気象の上からは、局地風と称されるもので、時に大きな被害をもたらす存在である。吉野正敏《よしのまさとし》の『風の世界』には、全国で三十余りの局地風が採り上げられ、四国では、愛媛県の三例が代表として示されている。すなわち、四国中央市の法皇《ほうおう》山脈から吹きおろす「やまじ風」・大洲盆地から肱川沿いに瀬戸内海へ吹き出す「肱川おろし（あらし）」・宇和島市の須賀川《すかがわ》沿いに吹き出す「わたくし風」である。いずれも、気象条件に地形が加味されて生じるものである。また、程度の差こそあれ、谷筋や川沿いに山から吹きおろしてくる風なども広く見られ、地域的な呼び名がつけられていることが多い。この他、愛媛県下では、耳を切るほどの風ならば「ホッチョカゼ（包丁風）」、吹き溜《だ》まる風ならば「マツボリカゼ」、袖《そで》を引きちぎるほどの風ならば「ソデモジキ」などと呼んできた。

さて、こうした局地風に対して人々は、これを鎮めるための祈りの儀礼を行ってきた。山形県の

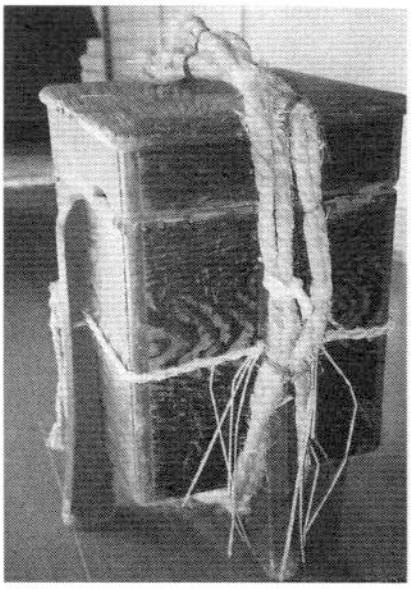

豊受山へ団子を運んだホカイ

山路風の吹き出し口とされる豊受山の風穴

「清川だし」、岡山県の「広戸風《ひろとかぜ》」とともに日本三大悪風にも数えられる四国中央市西部の「やまじ風」においても、その吹き出し口とされる豊受山《とようけ》（千二百四十七メートル）の山頂近くの豊受神社へ、山麓の各集落より七荷半《しちかはん》（七荷片荷《しちかかたに》）の供物を供えて、風を鎮めようとした。豊受山はオミネサン・オトイコサンとも呼ばれ、やまじ風を受ける四国中央市の平野部に位置する大町・寒《さん》川《がわ》・豊田・長田・野田・津根の各地区と法皇山脈の南に位置する富郷《とみさと》・金砂《きんしゃ》地区より、それぞれ方形型の背負い式のホカイ（行器）一荷ずつの団子を供えた。これに、沿岸部の漁師たちより一対の魚が加えられて半荷（片荷）と見なされ、都合七荷半の供物となったのである。

　時代とともに祭祀範囲は縮小されたが、今も大町地区では六集落の輪番で継続され、毎年旧暦の六月十三日と、新暦の九月十三日に近い日曜日に、それぞれ三百六十五個（閏年には三百六十六個）の麦粉・米粉の団子を扁平型に作り、豊受神社に供えている。そして、風鎮めの神事を行ったのち、隣接する風穴へ投げ入れる。なお、六月には富郷地区の岩原瀬《いわらぜ》集落も参加している。もっとも、風穴は残念ながらすでに落ち葉などで塞がり、風の吹き出しも見られない。団子を供えるためのホカイも、豊受神社との関係が希薄化する中で失われ、現在では大町地区のものだけが残っている。

こうした風鎮めの祭りや信仰は、豊受山に限らない。やまじ風地域には、風留《かざとめ》社ほかの小祠が多く祭祀されている。台風などの強風時に、風に向けて風切り鎌を立てて風を鎮めるための民俗も各地で見られた。また、風を逃がす呪法もなされ、西予市城川町では、大風に際して「トートートー」と大きな声を出して風を逃がしたという。あるいは松山市窪野町では、八月三十一日に氏神の正八幡神社と隣接する宮坊で、今も神仏同時の風鎮め祈祷が実施されている。旧の風早郡に位置する同市下難波《しもなんば》の恵良《えりょう》神社でも、九月一日に風鎮めの祭りが行われる。

いずれにしろ、人々は風を単なる自然現象としてだけでなく、霊的な存在として理解してきたことがうかがえる。すなわち、風との共生・共存を目指したのである。

台風時の風切り鎌（東温市 1960年代）

狸たちの復権

東温市の坊っちゃん劇場における開館二年目の平成十九年度の公演が、「吾が輩は狸である」だった。狸と人間の異類恋愛の物語であるが、地域文化密着型のわらび座ならではの演出もあって、聞き慣れた名前の松山や四国の代表的な狸が登場するなど、身近な存在を感じさせた。また、少し旧聞に属するが、多摩ニュータウンの開発に伴う自然環境の破壊と保全をモチーフに作られたスタジオ・ジブリの作品「平成狸合戦ぽんぽこ」にゲスト登場したのは、講談の松山騒動にからんだ刑部《ぎょうぶ》狸をはじめとした四国や佐渡《さど》の狸たちであった。ちなみに刑部狸は、愛好家のなかに狸に関する日本三大話があるとすれば、その一翼を担う存在ともされるが、民俗伝承としては実在しない。さらには、狸による町おこしも松山市や新居浜市など各地で進行している。

さて、愛媛県をはじめ四国では、虚実取り混ぜて狸にまつわる民俗の話題に事欠かない。そもそも、『本朝故事因縁集《ほんちょうこじいんねんしゅう》』という近世中期に刊行された俗書によると、道後・湯築《ゆづき》城主の河野通直《こうのみちなお》をたぶらかし、のちに捕らえられた古狐の長狐《ちょうこ》を助命したことを契機として四国には狐がいないことになっており、結果的に狸天国なのだとされる。さらに、四国の狸は固有名詞をもって語られることが一般である。徳島県小松島市の金長《きんちょう》狸や香川県高松市屋島の禿《はげ》狸、県下では新居浜市の小女郎《こじょろう》狸や西条市北条の喜左衛門《きざえもん》狸のほか、松山城下の周辺には毘沙門《びしゃもん》狸・六角堂《ろっかくどう》狸・金平《きんぺい》狸などなど、その伝承数もさらに多い。いよ狸サロンによると、松山市やその近郊だけで、五十例余りの狸伝承の事例を掲げている。

分けても、松山城下町の旧町名である榎《えのき》町の由来ともなった堀端《ほりばた》に並ぶ大榎の一つ、八股《やつまた》榎に棲んだというお袖《そで》狸が知られる。美女狸として名をはせ、その霊験から様々な後日談が語られている。今も八股お袖大明神として祭祀され、都市のなかの異界空間を現出し続けている。

しかし、八股の大榎に棲んだ狸は、お袖狸だけではなかったようである。お袖狸の伝承は、おそらくは江戸時代も後期以降に成立した伝承と思われるが、江戸中期には、喜右衛門狸が棲んでいたらしい。松山藩家老職を務めた日下部《くさかべ》維岳の著した『古今記聞《ここんきぶん》』によると、こんな話を伝えている。

現在の松山市役所前のあたりは、八ツの股のある大榎があるために八

お袖狸を祀る八股お袖大明神と八股榎
（松山市役所前）

股と呼ばれたが、彼が七、八歳のころ（寛政初年か）に枯れてしまったという。また、二番町の突き当たりにも大きな榎があったが、倒木するか枯損した。さらに、自身は知らないが、南堀端の東（伊予銀行本店前あたりか）にも榎の大木があったことを古老から聞いた。この榎の木に八股の喜右衛門狸という古狸が棲み、人に取り憑《つ》いて悩ませたという。維岳が幼少時には、日下部家の乳母にも憑いたことがあり、自ら喜右衛門狸と名乗ったが、渡部元寿なる者の奇術で取り除いたというのである。

雑木林も減少し、変貌著しい見奈良原の現状（東温市）

したがって、お袖狸は日下部維岳の没した天保年間（一八三〇年代）以降に二代目として成長した大榎に棲み付いたもので、今の八股榎はさらに三代目ということになるのだろう。一方、喜右衛門狸は松山城下における伝承そのものが稀薄となり、残念ながら富田狸通《りつう》さんが編集した「伊予国狸伝説大番附《うそかほんとか》」にも登場しない。

さて、先の坊っちゃん劇場のあたりから重信川にかけた見奈良《みなら》原《ばら》一帯には、かつてクヌギや松の雑木林が広がり、件《くだん》の狸の話にも事欠かなかった。明治半ば生まれの祖父なども、たぶらかされた一人であると聞いた。また、生家の三奈良神社の森でも、狸が宙返りをしているのを見たとか見ないとか、はたまた村童《そんどう》たちが集まって住処《すみか》と目される大木の洞穴《ほらあな》を燻《いぶ》したりもした。

このように見てくると、広く人々に知られている狸の伝承は、どうも、ある定型的な狸像を伴って語られているといえよう。すなわち、狡猾《こうかつ》でいたずら好き、しかしどこか憎めない滑稽《こっけい》さと愛嬌《あいきょう》を持った存在の、やや肥満気味な体型という設定である。それは恐らく、日本社会の近代化のなかで形成されたイメージであり、取り憑くという恐れや忌避ではなく、人間社会のなかに溶け込んだ存在へと変化し、次第に擬人化さえなされていった姿だと見られる。

さらには、戦後の経済成長期のなかで狸たちは姿を消すが、昨今の状況は、再びその復権を図ろうとしているのであろうか。同時にそれは、私たち自身における人間性の回復にも他ならない。

金平狸を祀る金森明神と住処のビャクシン
（松山市上野町）

環境変化が進むなか、狸たちは、トトロなどとは少しく異なり、人間社会や都市社会のなかでしたたかに生きていく術を見出したのかもしれない。いずれにしろ、近代化の間のなかに多様な狸伝説が派生したことの意味は、私たちにとって重要である。

民俗社会の巡礼モニュメント

私たちが、自分自身の存在を後世に伝える方法の一つである「落書き」の民俗について、この章の冒頭で取り上げた。落書きは、少なくとも記載した本人の意思に基づいたものではあったが、概して積極的意図は乏しいといわざるを得ない。一方で、私たちの周辺には、自己の表現としてのみならず、むしろ他者によって造立されたモニュメントが存在し、これによって特定個人の存在が後の世に伝えられることがある。一つは、信仰的な意味合いを有する施設として建立されたものであり、一つは個人のある偉業に対する顕彰碑的な造立である。

すなわち前者は、信仰対象の石造物や塚であり、非業の死を遂げた者の供養のために設けられた千人塚などの施設において、その後の祭祀や供養の民俗を派生させて語り継がれてきた事例などが当てはまる。後者については、伊予郡松前町の義農碑《ぎのうひ》や大三島ほか瀬戸内各地の甘藷《かんしょ》地蔵、久万高原町の仰西渠《こうさいきょ》など今に至るまで、施設とともにその精神が継承されるものが身近な例としても存在する。

ところで、「巡礼」に伴うモニュメントにも、二つうかがえる。四国遍路や西国巡礼、六十六《ろくじゅうろく》部《ぶ》回国聖《かいこくひじり》などの供養塔には、長く草むらに埋もれたものも多いが、その存在が少しずつ注目されるようになった。特に日本全国を経巡る六十六部の回国行《かいこくぎょう》の成就を記念した供養塔については、近年、ネットワーク化された広範な支援組織の存在が指摘されるなど、巡礼研究者の注目を集めている。しかし、その建立については相当に地域差がうかがえ、集中的に存在するところがある一方で、希薄な地域も見られる。

県下にも、様々な巡礼を行った後、これを記念した石碑を建てる民俗がうかがえるが、特に大洲市や喜多郡方面では、四国遍路の記念碑が多く建てられた。肱川水系に多く産する粘板岩《ねんばんがん》を用いた薄い板碑《いたび》の一種で、これに四国遍路を成し遂げ

多回数遍路の成就を記念した大規模な供養塔（四国中央市川之江町）

江戸時代中期から昭和初期に四国遍路を終えた人々の建てた供養塔
（大洲市長浜町出海）

た旨を記したのである。大洲市東宇山《ひがしうやま》では、四国遍路を終えた者は、檀那《だんな》寺の住職に墨書きしてもらった高さ一メートル程の石碑を大師堂の傍に建てた。すでに文字は消えてしまっているが、地元ではオクヨウサンと称し、今も十三枚が残る。また、同市柳沢や喜多山辺りには、仏堂や墓地の一角に石塔として建てられている。この供養塔が最も集中して見られるのが、同長浜町出海《いずみ》である。地区の地蔵堂の裏には、「奉供養四国八十八ヶ所諸仏菩薩、南無大師遍照金剛」とか「奉納四国八十八箇所」の文字を浅く掘り込んだ、近世中期の寛保二（一七四二）年を最古に、昭和七年の七か所巡拝のものまで、一部が埋没しながらも数十枚折り重なって建てられている。石塔の建立者も一人のものから十名近くのものまで多様である。

現代のバス遍路88回成就記念碑
（西条市の第61番香園寺）

　しかし一方で、近年は顕彰碑的な存在の石塔が見られるようになってきた。例えば、四国遍路における先達制度が確立された現代では、巡拝団を率いたバス遍路が多くなったが、そのなかで八十八回ないし百回目成就を記念した先達の顕彰碑を見かけるようになった。歩き遍路でなくとも、まとまった数ともなるとその達成は容易ではない。したがって、区切りのいい回数でこれを讃えようとするのであろう。かつて喜代吉榮徳《きよよしえいとく》さんらによって広く調査紹介された、中務茂兵衛《なかつかさもへえ》が建立した遍路道標にもつながるものがある。例えば、四国霊場六十一番札所の香園寺《こうおんじ》（西条市小松町）の境内には、新潟県佐渡島の巡拝団先達による八十八回目の巡拝を満願成就したことを報謝する石塔が建てられている。碑文よると、二十九年の期間を要したとある。

しかし、この種のモニュメントは、地域における民俗文化としての語りを失ったとき、すぐさま遺物化してしまう。大洲市域の事例は、まさに当てはまる。前近代社会との連続性に不安を覚えるなか、過去に造立された多様なモニュメントが、今後その民俗的背景を喪失していくことが充分に予測される。そのとき私たちは、暮らしのなかでどのように対応していくべきであろうか。自問の時期を迎えている。

民俗伝承の変化 ―文化から制度と知識へ―

もう四十年あまりも前、まだ大学院生だった時のことである。東京のある学習塾の夏季講習のなかで、子どもたちに稲作の道具類についての話をした。そのとき、「鎌で土を耕し、鍬で稲を刈る」と答えた児童がいたのに、ずいぶんと驚いたことがあった。以前ならば知っていて当たり前ということが、都会の子どもたちには通用しにくい時代になったのかと思ったのだが、伝統的な民俗文化についての伝承の欠如は、いま、私たちの想像を超えて広がっている。

さて、勤務していた大学の授業科目の一つとして、介護福祉士を目指す学生たちに高齢者の方々がかつて経験してきた民俗文化、わけても昭和の生活文化について取り上げて紹介するコマがあった。介護福祉士として、将来担当することになるはずの介護を受ける立場の世代の方たちが持つ価値観を、少しでも学生たちに理解しておいてほしいという趣旨の授業である。

しかし、昭和の暮らしは、平成生まれの学生たちからは、随分と遠のいてしまった感が強い。機械化や自動化、電化があまり進展していない時代のスローな暮らしが、具

小正月のトウドの前夜にも、お堂で大人から子どもへ民俗の伝承が行われる（新居浜市大島 1983年）

牛馬の守護神、牛サンガン馬サンガンの祭りで子どもたちにスキの使い方を説明する古老たちとお菓子が目当ての子どもたち（西条市丹原町 2008年）

体的なイメージとしては描きにくくなったのである。と同時に、民俗文化の伝承の困難さ、危うさに思いを致してしまうことも少なくなかった。

さて、こうしたことどもと関連してか、近年、高齢者の認知症予防などの観点から、心理療法の一つである「回想法」が注目されるようになってはや久しい。そのなかでも、実は昭和の暮らしが注目されている。介護福祉および民俗学や博物館の立場からの発言が多いが、最近では両者のコラボレーションも叫ばれるようになった。また、そうした実践活動事例にも事欠かない。

北名古屋市の昭和日常博物館（北名古屋市歴史民俗資料館）

その先駆的な活動が盛んな愛知県北名古屋《きたなごや》市と京都府亀岡市を訪れる機会があった。特に前者はよく知られた存在で、合併前の師勝《しかつ》町の時代からの取り組み実績がある。同市の歴史民俗資料館の展示は、別名「昭和日常博物館」として親しまれており、中高年には昭和レトロそのものの展示である。加えて介護予防の考え方との連携が進み、「回想法キット」と称して民具の貸し出しを行うなど、まさに博物館と介護福祉の一体化が進んでいる。加えて古民家に隣接して回想法センターが設けられ、高齢者の利用のみならず子どもたちとの世代間交流も活発であるなど、暮らしの記憶を伝えることへの腐心がうかがえた。

ところで、介護問題においては、日本人の親子関係をめぐる価値観が大きく変化してきたことが指摘されている。親が子を養育するという当たり前のあり方に対し、子がどのように応えるかの認識が変わってきたのである。日本社会では長く、養育に対しては養老で応えるというのが一般的な理解であった。ところが近年、子は親からの養育に対して養老を義務とすることの必然性が絶対ではなくなり、自らの子を養育することで相殺するという価値観へ移行しつつあるというのである。親子関係の認識が、フィードバック型からリレー型へといわれる所以《ゆえん》である。すなわち、文化としての介護から、介護保険制度に代表される制度としての介護へ転換しているのである。そして民俗の伝承形態も、文化から次第に主体性に乏しい断片的な知識の集積へと変化しているように思われるのは、杞憂《きゆう》であろうか。

少し飛躍した見方かもしれないが、民俗文化の伝承と携帯電話やスマートフォンの普及に代表される便利さの享受には、いくらかの相関性がありそうに思える。使い方によってその場を凌げるこの便利な通信手段は、私たちが持っていた民俗文化の認識力を、逆に低下させる機器ともなる。結果として、良し悪しは別に、マニュアル化を前提とした社会の仕組みを作り上げてしまったようである。

籍につけるということ

少しばかり前のことになるが、住民登録されながら所在確認が取れないとか戸籍登録だけが残る高齢者の問題がにわかに浮上し、社会問題として衆目を集めた。それまでの日本社会では想定されなかった問題が、架空の年金受け取り疑惑の発覚を契機に露呈し、調査が進むなかで大量に顕在化したものである。なかにはすぐさま信じがたく、「何で」と疑いたくなる事案も少なくない。

さて、考えてみると私たちは、近代日本の行政システムを過信していたのかもしれない。その一つが戸籍である。日本の戸籍制度は古く、本格的な始まりは律令制度時代の庚午年籍《こうごねんじゃく》(六七〇年)であるといわれる。身近なところでは近世の宗旨人別帳《しゅうしにんべつちょう》の制度を経て、明治五(一八七二)年に統一的な近代の戸籍制度の始まりとなる壬申戸籍《じんしんこせき》が作成されるなかで、より一般化したといえる。その後も戸籍法は何度か改正され、そのなかで明治民法におけるイエの制度を形成する役割を果したと位置づけられる。そして、戦後の昭和二十三年には現行の戸籍法が施行されて今日に至る。そのなかで、婚姻などについても「籍に入れる」「籍を抜く」などの言い方が広く用いられるようにもなった。姓を同じくするイエの集団が意識されたわけで、昨今の議論対象となっている夫婦別姓とは少しく意識が異なる。

ついでながら、近代の日本で妻が系譜的に旧姓を称したことはあまり知られていない。すなわち、墓石や家系図に「○○氏《し》之《の》女《むすめ》」として生家の氏《うじ》が記される事例などがそれであり、妻の出自を示しているのである。一見したところ夫婦別姓の先駆にも見えるが、これも実は婚姻がイエを単位としたことの表れであった。

しかし、この戸籍につけるということの意識は、地域によってかなりの隔たりがあり、かつてはそれほど厳密なものではなかった。たとえば、子どもの出生届けにしても、実際の日にちと異なる届け出がされることも珍しいことではなかった。昭和の半ばまでは、産科医院などでの出産は少なく、多くは自宅等での出産であったために、現行法で義務付けられる医師などの出生証明書もなく、届け出の日にちは流動的であった。特に女子の場合は、正月を基準とした数え年による年齢換算もあって、年末の生まれならばこれを年明けの元日として届ける例は広く存在した。その他、「父親が勘違いをして――」などのさまざまな理由で、戸籍と実際の出生経過が異なるのだと自身のことを語る古老たちにも各地で出会った。

墓に生家の氏を刻んだ幕末・明治期の石塔（西条市）

かつて訪れた、鹿児島県奄美諸島の離島である与路《よろ》島は、戸籍に関する意識が特に希薄であった。実は、この島では新生児に名前をつけないという民俗があった。赤ん坊は、全てアカ・アカボ・アーミャーなどと呼ばれ、旧暦十月の吉日に過去一年間に生まれた子どもが、母親に抱かれて船に乗り、漕《こ》ぎ競べの試練を経た後、親戚一同の前で、長老によって名付け祝い・改名《かいみょう》祝いが行われ、初めて名前が与えられた。一般的な、お七夜の名付け文化が存在しないのである。したがって、戸籍につける意識が必然的に稀薄となり、随分と日にちが経ってからの出生届けとなることが多かった。さらには、その間に死亡した兄姉がいれば、その戸籍を引き継いだという老人もいた。

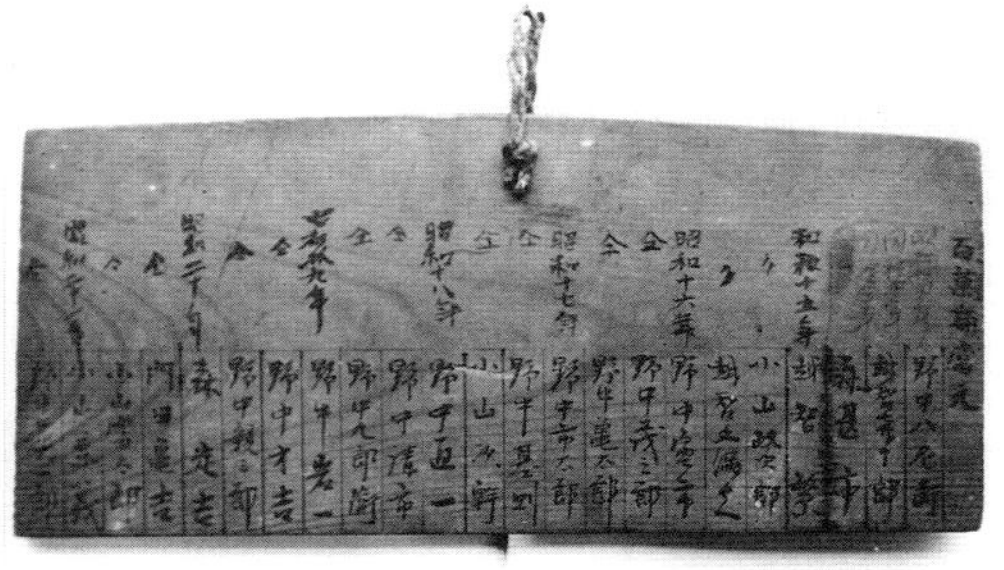

地域の百万遍念仏組への加入者を表示する当番札
（東温市 1982年）

　一方、私たちの民俗社会のなかには、戸籍制度とは別の形で「籍につける」という意識が存在してきた。名付け披露《ひろう》もその一つであるが、要するに、特定の集団や超人間的な存在に認知されることを意味したものである。赤ん坊の初宮参りによる氏子入りは、氏神様の戸籍についたと捉え、悪戯《いたずら》をしたときには閻魔《えんま》様の帳面につけられるといって諭した。

　すなわち、籍につけるとは、住民登録などの行政手続きとは異なり、個人を取り巻く共同体意識に下支えされた民俗文化であった。しかし、昨今の社会状況は、こうした意識が今後どこまで意味を持ち続け得るのか、その不透明さを私たちに提示したものと受け止められる。

加齢と若返り

癸巳《みずのとみ》の年が私の生まれた干支であるから、いつの間にか暦も一巡を過ぎて、気が付けば馬齢を重ねていたというのが正直なところである。加齢によって年を重ねるなかで、近年の認識として「数え年」に対する解釈が大きく変化してきたように思われる。私自身も、地域においては神職という職業柄もあり、正月から春先の時期には、神社を訪れる年祝いの方たちと接する機会が多いが、その大半の方が、数え年は誕生日を以って数える（法律的には誕生日前日の二十四時に加齢される）満年齢にひとつ加えたものだと解釈されるようになっていることに驚いている。明治六年からの太陽暦の導入とともに満年齢の価値観が取り入れられたことで数え年と二分され、明治三十五年の「年齢計算ニ関スル法律」を経て、「年齢のとなえかたに関する法律」が新たに施行されて満年齢に統一されたのが昭和二十五年であるから、かれこれ長い年数が経っている。

そのようなわけで致し方ないことかもしれぬが、およそ八十代以上の方でなければ、生まれた年を一歳とし、正月を迎えて年が改まれば二歳とする、本来の数え年の仕組みが理解されなくなったのである。このことは、正月の「お年取り」という、新年を以って年を重ね取る価値観が希薄化してしまったことを意味する。おそらく、もう二十年もすればこの民俗も消滅してしまうであろうし、師走も下旬に生まれた女性たちの誕生日が、いつの間にか元旦で届け出されていたという親心の表れも、現代社会ではその意味を失った。ちなみに、日本の競走馬における年齢も、平成十二年までは数え年で数えられており、満年齢への移行後も、元日をもって一様に加齢されることになっているという。

神前に米俵が積み上げられる（綾延神社 1995年）

さて、正月に一律に年を重ねる価値観の典型が、厄祓《ばら》いの民俗にうかがえる。県下でも東予地方では、二月一日が厄祓いの当たり日とされ、地域の氏神に詣でて祈祷するとともに大きな祈祷札《きとうふだ》を受ける習いである。人々は、このとき氏神様に対して応分の報謝を込めた供え物をするものとされ、昭和

一宮神社に奉納される若水を汲み取るつづら淵（新居浜市若水町 2013年）

のころまでは神前に米俵が積み上げられるなど、田舎の神社も大いに賑わった。正月に年を重ねて厄年を迎えた後、最初の月初めの日である二月一日に厄祓い祈祷をし、知己を招いた盛大な祝宴を張ってその年二度目の正月祝いを行うことで一つ余分に年を重ね、厄年を過去に追い遣るという年違えの仕組みが見て取れる。そのため、東予地方では厄祓いを「お祝い」とも称したが、この正月に擬した宴の風習も近年ではすっかり廃れ、他力本願の厄祓い祈祷のみとなってしまった感が強い。

加えて、正月の持つ生命力の刷新機能も蔭りかけている。正月は、年が加齢されるとともに、他方では若返り、すなわち生命力が更新される時期でもあった。その象徴が、元旦早暁《そうぎょう》の若水汲みの行事であるが、一般家庭ではすでに姿を消して久しい。石手川最上流の松山市米野町では、午前零時に青年たちが打ち鳴らすドウノクチアケの太鼓を合図に、戸主たちは着物に羽織をつけて扇子を差し、しめ飾りをつけた手提げ桶とお重ね餅、米と干し柿の供物を持って石手川の水汲み場へ出向いて若水を汲んだ。「福くれ、徳くれ、幸いくれ、流れる小金を俺が汲む」などと唱え、供物を川へ流してから若水を汲み帰った。この若水で、雑煮を炊き洗顔をしたのである。新居浜市若水町には、一月七日に氏神の一宮《いっく》神社へ奉納するための若水汲みを行うつづら淵の湧水があり、地区の地名の起こりにもなっている。

一方で平成の癸巳は、奇しくも伊勢神宮で二十年ごとに行われる第六十二回の式年遷宮の遷御《せんぎょ》の年に当たった。神々が新しく出来上がった、真新しい神殿に移られることによって生命力が刷新され、国家が常に若々しく瑞々しい状態を保つための、常若《とこわか》のいのちが繋がれる。そんな象徴的な儀式が、その年の十月に行われた。規模の違いはあるが、正月に年を取ることは、そんな常若・徳若を実現することである。

大名祭り考　―民俗と伝承母体のことども―

夏休みも終わりに近づいたころに、地域のある自治会で小中学生たちに祭りについての話をする機会があった。秋祭りにおいて、神輿を担ぐ子どもたちに配分される祝儀がかなりの高額に上ることなどから、自治会役員より祭りの趣旨や地域の歴史・文化を理解してもらった上で参加させたいとの意向が働いたことによる。加えて、今後の祭りの継続を考えての子どもたちへの対応も含まれていた。すなわち、地域社会が確実に変化していくなかで、自分たちも含めて怪しくなった民俗伝承の意識を再確認しておきたいという、前向きな姿勢の表れと理解し、喜んで協力させてもらった。

さて、このことと関連して幾つかの民俗事象を想起した。一般に民俗文化は、時代の変化の影響を受けにくいものと考えられている。しかし、その伝承の在り方によっては、非日常性の部分において時代の急激な変革の波をもろに被ってしまうことがある。例えば、多くの祭りが祭礼としての発展を遂げるのは江戸時代であったが、特に城下町や陣屋町の祭りにおいては藩の意向が反映されることも少なくなかった。

城下祭りなどと称された都市祭礼は、町人の力の結集だけではなく、権力者の庇護の在り方で大きく変化していく典型である。私は、こうした神と為政者という二重の権威によって支えられ、形成された祭りを一括して「大名祭り」と呼んでいる。県下では、松山藩の味酒（阿沼美）神社、宇和島藩の宇和津彦神社、大洲・新谷藩の八幡神社、吉田藩の南山八幡神社、西条藩の伊曾乃神社、今治藩の大浜八幡神社、小松藩の高鴨神社の祭礼がそれに当たると考えられる。いずれも、藩の庇護によって支えられた反面、その運営に関する規制も多く、松山城下の祭日の変更も度々であった（三章「祭日の変更と統一」を参照）。

これら大名祭りにおいては、祭礼行列に長柄《ながえ》や鉄砲を担いだ足軽や徒歩《かち》士《さむらい》などが加わったり、藩からの道具の貸し出しを受けて祭りが展開されたり、御殿前《ごてんまえ》や城中への神輿渡御《とぎょ》が行われたりした。したがって祭礼行列も大名行列に仮託された権威が構築され、大洲の八幡宮祭礼では行列を横切ることや見下ろすことが禁止されるなど、一般の神社祭礼との差異も見られた。

ところで大名祭りは、その成立過程も興味深いものがあるが、明治維新を契機に、その伝承母体を失った近代社会のなかで具体的にどう変化したかについては、未だ十分な研究が進んでいるとは言えない。維新による藩や家中《かちゅう》の解体は、当然のことながら、祭りの伝承に大きな影響を与えた。高鴨

「阿沼美神社祭礼神輿宮出之図」
（個人蔵・愛媛県歴史文化博物館保管）
近世の松山城下、現味酒神社の祭礼の様子。神輿のほかにも、笠鉾や大台鉾が参加した

大洲領総鎮守・八幡神社の渡御行列「おなり」（1970年頃）

神社では、明治十年をもって家中ほかの陣屋町や周辺地域の頭屋制度が解体し、氏子関係が大きく変動して祭礼行事の衰退を招いた。大浜八幡宮祭礼における神輿の登城もなくなる。一方で、伊曾乃神社祭礼のように、御殿前等への神輿渡御が今もって継続されたり、行列参加者が家中から氏子に入れ替わることで続けられたりした場合もある。あるいは味酒神社祭礼や宇和津彦神社祭礼など、城下町としての機能喪失が町としての基盤をも失わせるなかで、屋台や笠鉾などの風流《ふりゅう》を廃止させたものもある。

　これらは、為政者である藩と氏子民衆の祭り参加の度合いや距離感による差異としてとらえられる。すなわち、明治維新という政治的な急変革により祭礼民俗の伝承母体が根本から覆ったとき、その代替的な置き換えができたか否かの柔軟性で、その後の継続に大きな差異が生じたことになる。成立段階に遡れば、それぞれの祭礼において氏子地域の関わりの濃淡が大きく関係している。こうした観点から見ていくと、大洲八幡宮の祭礼である「おなり」は、大名祭りの最たるものと言えよう。そのため、大洲藩の庇護を失った後、明治後期に町方より蛇鉾《じゃぼこ》の練り物が新たに加わるが、氏子地域としての祭りの盛り上がりに欠け、当事者にはなりきれなかった。

こうした大名祭りが辿った近代史に比すれば、現代における地域社会の変容はまだ緩やかとも言え、私たちに対応の余地は残されている。何よりも、諦めない姿勢が大切だということである。

安寧と規律を保つ民俗

毎年の暮れの恒例行事となった今年の漢字に、平成二十七年は「安」が選ばれた。世界的にも、さまざまな事件があった年だけに、腑《ふ》に落ちた気もする。一方で、今も昔も、ことの大小は別にして、社会の安寧や規律が保たれることは、私たちの暮らしにとって重要な要素であり、人々もそれを望んできた。

伝統的な民俗社会の安寧を保つためには、先ずは諍《いさか》いを起こさないための仕組みとして、日常の暮らしにおける一定の規律があった。寄合の集合時間に関する線香一本の原則に始まり、諍い事を未然に防止する、生活上のルール設定である。

例えば、今日の一般的な権利である日照権に関連して、建物や森林による日陰が作物栽培に及ぼす影響について、一定の日照を保障するための制度慣行が広く存在した。これをカゲギリといい、陰伐り・蔭伐り・影切などの文字を当てた。今治地方においては「田屋敷」といって、田畑のなかに屋敷を設けている場合に、建物を建てたり竹藪《やぶ》などをつけたりする時には、屋敷の内側に一間幅の余裕を控えることが、貞享年間以来の今治藩の定めであったと『国府叢《そう》書』は伝えている。また、陰伐りについては、屋敷地から山林に至るまで、隣地に害をなすことがある場合には、村役人が人夫を指揮して年一回ずつ樹木等の伐採を行ったという。藩有の山林や河川堤防もその例外ではなかった。

さて、こうした近世以来の土地を巡る取り決めについて、明治二十三年にまとめられた『愛媛県農事概要』には、以下のような慣行が示されている。田畑の境界である畦畔《けいはん》を巡る相互の所有権については、宇摩地方など南方の地所に属するとする所もあるが、おおむね互いの高低差によって定められ、高い方あるいは水上の土地に帰属することが一般的であった。一方で、畦畔に生える畔草《あぜぐさ》については、下方の土地の耕作者が刈り取るものとされていた。また、西宇和地方などの山林に沿った水田では、東西北の三方は四間（約七・二メート

陽当たりの行き届いた谷あいの棚田風景
（西予市城川町 1983年）

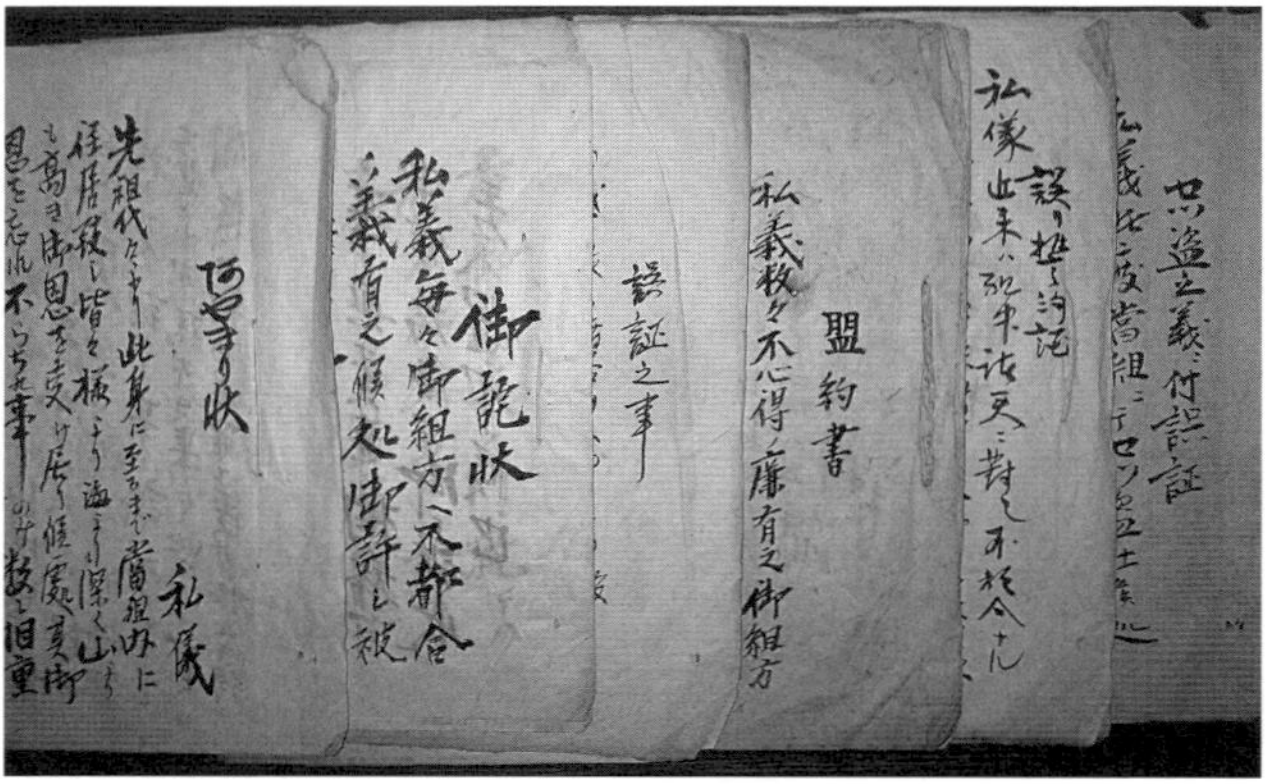

県下のある村に伝わった明治の中、後期における詫び証文のいろいろ

ル）、南に至っては六間（約十・八メートル）の蔭伐りが行われていた。

西予市三瓶《みかめ》町鴫山《しぎやま》では、露伐りとも称し、旧来の慣行は東と南が三間、西と北が二間であったが、焼き畑から転じて植林がなされた谷あいの畑地については、新たな基準が適用され、日の当たる土地で八間、日陰になる土地は十間幅もの陰伐りが義務付けられたという。あるいは、松山平野末端の東温市上村では、河岸段丘面の竹藪とその北側の田地所有者を原則的に同一人としており、陰伐りを怠った場合の迷惑が及ばない工夫もされていた。ともあれ、こうした地域で共有される基準が設定され、その遵守が求められることで争い事を回避してきたと言えよう。

ところで、土地の問題に限らず、地域の安寧を阻害する事態が生じた時、その当事者に対する地域社会の対処方法として、「ムラ八分」の制裁を科すことが時として行われた。ムラ八分とは、火事と葬式という非常時の二つを除いた、日常的なムラの付き合いを絶ってしまう厳しい制裁である。しかし、これとてもいつまでも長引かせたままで放置することもできない。そのため、いくらか経過した段階で「詫《わ》び証文」というけじめで解決させることができた。

地域の長老格が仲裁人となり、当事者が非を認めて詫びを入れ、地域や利害関係者がそのことを受け入れることで解決が図られたのである。証文には事の顚《てん》末なども記され、写実的な内容も含まれた。なお、詫び証文という制裁自体は、地域内の事犯に限らず他所からの無断侵入者などに対しても、一つのけじめとして科せられている。

これをムラという地域による個人への束縛と見るか、ムラの連帯感の強さと見るかは、意見が分かれるであろう。当事者にとっては屈辱的な制裁とも取れるが、その実は地域との連帯が重視され、優先された結果として認識しなくてはならない。同時に、先人たちは物事の落としどころを心得ており、決して泥沼的な争いを好まなかったことも、明白である。詫び証文は、あくまでも共同体における安寧と規律を保つ行動規範として要求されたものであった。一方、個の意識と共同体とのせめぎ合いが続く現代社会では、物事の着地点が見えづらくなったようである。

神輿をめぐる民俗

平成二十八年末に、ユネスコの世界無形文化遺産として日本の祭りを代表する「山・鉾《ほこ》・屋台行事」が登録されるなど、全国的に祭り人気は高まっている。一方で、日本創生会議による地域消滅の議論を受け、過疎化の進行によって祭りの存続自体が危惧され、ひいては地域の神社や寺院の多くが消滅する可能性も指摘されるようになった。愛媛県神社庁でも、こうした地域の祭りと神社の存続のための施策が喫緊の課題となっており、今まさに、その任に当たっている。

祭りの神賑わい行事として最も一般的であるのが、神輿《みこし》の渡御《とぎょ》である。しかし現実には、これさえも中断せざるを得ない地域が増加している。全県的な実態調査の取りまとめは実施中であるが、神輿渡御の中断事例は奉納相撲に次いで多く、獅子舞を超える。立派な神輿がありながら蔵に収蔵されたままというところも少なくない。他方で、神輿をめぐる民俗文化には、思いの外に地域的な差異もあり、改めて考えてみたい。

愛媛県下では、神輿を「神輿《しんよ》・神さん・おみこっさん」という。すなわち、神霊を奉斎して移動するための道具であることを踏まえた呼び名が付されている。神輿の起源はよく分かっていないが、現存するなかでは平安後期が最古とされる。県下では、大山祇神社の古い神輿が室町期と見られているほかは、近世以降、多くは近代のものばかりである。同社では、貞治三（一三六四）年の年中行事記録に年三回の神幸の記述があり、早くより神輿の渡御がなされていた。また、西条市の旧周敷《すふ》郡の諸社でも、十六世紀後半より神輿の出ていたことが祭祀記録に見える。これに対して、神輿を中心とした祭りが典型的に見られる松山地方では、神輿の出現は少し遅れたようで、近世中期の十七世紀末ころかと思われる。当初は神社神輿として作られ、各社一、二体と少数であり、藩の許可が必要であった。

さて、神輿を鳳輦《ほうれん》と称するところもある。一般には、鳳輦は天皇など身分の高い人が乗る輿とされ、神輿とは区分されるものの、明確な説明を欠いていることは否めない。神霊の乗り物であることは共通している。両者の構造的な違いは、台と屋根の間の胴部分の柱空間の塞《ふさ》ぎ方が、固定された壁面か取り外し可能な建具や御簾《みす》かの差異に求められると言えよう。県下では、大洲市の八幡神社に鳳輦神輿が伝わり、安永五（一七七六）年に京都の神輿師・桑島作右衛門による制作記年銘がある。

ちなみに、同社の神輿は装飾が分解されているため、先ずは胴周りの壁面や扉を固定

ヒカゲノカズラで飾った鳳輦神輿
（大洲市・八幡神社）

し、蕨手を付けて胴に幕を張って神鏡を吊り、四隅の鈴縄にヒカゲノカズラを添えて鈴をつけ、上部に鳳凰を指す。ヒカゲノカズラに関する故事は伝えられていないが、県下では宇和島市吉田町立間の八幡神社でも用いている。神話では、『古語拾遺』のなかで天照大神《あまてらすおおみかみ》が天石窟《あめのいわや》に籠った時、天鈿女《あめうずめの》命《みこと》がこれを襷にして神楽を舞ったとする。京都の上賀茂社では、正月の卯杖《うづえ》の飾りに用いられる。

また、神霊の簡易な移動祭具として白木の御羽車《おはぐるま》などが神輿に代わって用いられる例もある。特に、明治後期には、政府による神社合祀が進むとともに基本財産積み立てのためと称して神輿が廃止され、松山地方の主だった神社の多くが御羽車や庚申車による渡御に切り替えた経緯もあった。

江戸時代の彩色神輿（西条市・綾延神社）

ところで、祭りに装飾を施した神輿をさらに丈夫な木綿紐《ひも》や麻のロープで屋根の四隅と轅《ながえ》（担ぎ棒）、あるいは台、胴と屋根を強く締め上げる風習が松山市を中心とした中予地方に広く分布している。広く「神輿からめ」などと称し、神輿と神輿の胴をぶつけ、轅を絡め合う「鉢合わせ」の民俗と重複することが多く、地域性もうかがえる。

松山市興居《ごご》島や野忽那《のぐつな》島では、神輿の屋根の四隅を締め上げることをモジシメという。祭りの準備に当たり、人々は「モジシメじゃ、モジシメじゃ」の掛け声で固く締め上げていく。また、旧北条市の正岡地区の神輿では、四隅を締めることを「モジフリ」「モジをふる」と称している。モジは、「もじく」に由来する、捻《ね》じる・よじることの意と思われる。したがって、捻じりながら締め上げることがモジシメとなる。またモジフリは、捻じる・よじるという行為や仕草（振り）を示している表現と解せられよう。

一方で、神輿を毎年作り替える民俗もある。今治市神宮《かんのみや》の稲わらで作る「わら輿《ごし》」や宇和島市吉田町知永《ちなが》の「シダ神輿」は毎年新調される。松山市八反地《はったんじ》の国津比古命《くにつひこのみこと》神社では、宮入に神輿を石段から放り投げて壊す。同市三津の厳島《いつくしま》神社でも明治期には毎年新調し、終われば解体して飾り金具などは氏子総代が保管したと報告される。

また、神輿を担ぐ人間を「輿丁《よちょう》・駕輿丁《かよちょう》・駕輿丁人《にん》」などと称し、太鼓台やダンジリの舁《か》き夫《ふ》とは区分して扱い、潮垢離《しおごり》取りなどの潔斎《けっさい》を課した所も少なくない。衣装も現今の法被《はっぴ》や白丁《はくちょう》とは異なり、地域的にも多様であった。松山地方では、柄の浴衣に兵児帯《へこおび》の着流しが一般的であり、肩からエドソ（麻）を垂らして力紙《ちからがみ》を結びつけた。ともあれ、こうした神輿をめぐる民俗の地域性がいま急速に失われ、主流的な流れに収斂《しゅうれん》されてきている。

民俗文化の消滅と復活

環境省は、平成二十四年の夏に国の特別天然記念物で「絶滅危惧種」に指定されるニホンカワウソの生息が、すでに三十年以上にわたって確認できていないことから、絶滅したと判断して「絶滅種」に指定した。愛媛県では、県獣にも指定しているだけにその反響も大きく、その後、環境省による調査の不充分さから、「絶滅」の判断をめぐって生息の可能性を示唆する意見や、結論は時期尚早などの多様な発言と指定の撤回要求が地元紙の社説に掲載されるなどしている。

こうした生物の絶滅判断に対し、民俗文化においても、似通った事態が起こりうる。もっとも、民俗文化の場合は「廃絶」ないし「消滅」となろうが、何をもって規定するかは、やはり難しい。生物種の場合は、奇跡的に生き残っていたとなるか、トキのように人工飼育によらねばならない。しかし、民俗文化では、相当年月を経過した後の人為的な復活も往々にして有り得る。

石手川の上流に開けた松山市日浦地区の中心部に位置する藤野・水口・河中・東川の四集落では、盆にセガキ旗が変化したと思われる巨大な武者絵の幟旗を立てる行事が伝承され、ヤスマクさんと称している。中世の山城である奥《おく》の城《じょう》の落城伝承に関連する供養行事と伝え、地区ごとに「奥之城主大将七人霊」と染め抜いた広幅の大幟《おおのぼり》を立てて供養念仏を申したのち、十五日には幟を立てたまま若者たちがこれを担ぎ、河中町から東川町までの石手川を遡った勇壮な盆行事である。しかし、この川幟の行事は、明治天皇の崩御に伴う服喪から、大正二年より長らく行われていなかった。

昭和五十一年に行った松山市教育委員会の民俗調査などで、かろうじて明治半ば生まれの古老からその存在が確認されたが、当時、私も含めすでに消滅したものと見なしていた。しかし、平成になって地域イベント的な要素も併せ持つなかで、少しく内容を縮小変化させながらも復活を果たし、今日まで継続されている。

また、漁村の祭りとして活況を呈していた西条市河原津の大崎《おおさき》龍《りゅう》神社の夏祭りは「お管絃《かげん》祭」と称して、旧暦六月十一日・十二日の夕刻に大崎鼻のお旅所との間で神輿の海上渡御が行われ、これに提灯を飾りつけた漁船がお供する例であった。しかし、国策による農地の造成施策で浜辺を干拓したことにより、地域の風景は一変し、集落と海は大きく隔てられてしまった。さらに干拓地は、潮の影響で農地には適さず、遊休地のまま放置された状態となっ

復活後に新たな定着をみた川幟の行事
（松山市日浦地区 1999年）

四十数年ぶりに復活したお管絃祭のお供船（左）と神輿を載せたお召船《めしぶね》
（西条市河原津 2012年）

た。そのようななかで、四十年以上も途絶えていたお供船《ともぶね》が、やはり平成二十四年の夏祭りで蘇った。

　これらを民俗の復活とするならば、それまでは中断となる。近年では、戦後の生活改善運動や高度経済成長のなかで中断していたものが、半世紀を経て復活した事例も各地で聞かれる。しかし一方で、完全に消滅した民俗も多く存在する。その差異は何かといえば、その民俗が日常的であれ、非日常的な生活であれ、そのことに関する知識の伝承と必要性の認識が関わっているといえばよいであろうか。すなわち、生活の体系が変化してしまうことで価値を失った民俗は廃絶されるが、語り伝えられる民俗は、時として価値を復活することが有り得ることになる。右の二つの事例は、かつて勇壮盛んに祭りが行われた様子を人々が語り継ぐなかで、一つの憧憬と見なされてきたものであろう。したがって、ふとしたきっかけが与えられることで、復活を果たしたものと思われる。各地の神輿や屋台などの復活も、同様である。

　さて、私の住まいする西条市丹原町田野上方《たのうわがた》の宮下部落（二十六戸）でも、夏の土用祈祷のあり方をめぐって数年来の話し合いが続いていた。近年では、土用祈祷は夏の土用に入った最初の日曜日が当てられ、集落にある庵寺《あんでら》の千躰地蔵の祭祀と合わせて行われ、大きな黄粉《きなこ》むすびが振る舞われる。周桑平野では、祭りなどに黄粉をまぶしたむすびを作る地域が多いが、宮下部落のものは特に大きく、一合飯のむすびを一人二個ずつ作ることになっている。また、このむすびを土用祈祷に限って「おたま」と称しているが、語源はよく分からない。このおたま作りを継続するか否かが、毎夏のごとく話題に上ったのである。

土用祈祷の「おたま」作りをする女性たち（西条市田野上方 2012年）

　こうした場合、その消滅ないし中断の方法が問題となる。すなわち、自然消滅の場合は、その記憶のなかで復活することがあるが、地域で申し合わせて取り止めた場合、復活の可能性は極めて低い。贈答習慣に関わる民俗や祭りの運営方法の変更などは、後者に当たる。復活に対する規制力が働くのである。例えば、今治市吉海町津島では、春にサワラ（鰆）を親元に贈る四月肴の風習があったが、昭和三十年代に申し合わせて廃止されたことが、島の記録文書に記されている。在所の「おたま」は結果的に中止されたが、今後どのような展開を見るのであろうか、気に掛かるこの頃である。

第三章 現代社会を民俗文化から読み解く

演出される人生の儀礼

近年、人の一生の折り目に当たる諸儀礼が大きな変化をとげている。結婚披露宴のゴンドラはすでに旧聞に属するが、その後も結婚式場やホテルの演出合戦は、なおすさまじさを保っている。一方、子どもたちの誕生から成長期の儀礼も目を見張るものがある。経済的なゆとりと少子化の進展による相乗作用によって、七五三をはじめとした丁寧な儀礼の演出が定着して久しい。

そして平成に入ってより、都市部から始まって瞬く間に全国的に拡大しつつ増加を示してきたものの一つに葬祭式場がある。松山市内を例にとっても、数年のうちに十指に余る式場が開設され、すっかり都市生活者の生活文化として定着してしまった。さらに平成十年代に入ると、全国の農協組織による葬祭会館をはじめとする施設の開設が相次ぎ、山梨県や東北各県など数年で倍増した県もあった。個人的な経験からしても、親族の場合を除く一般会葬から見る限り、喪家を弔問することはほとんどなくなり、葬祭式場へ直接に出向くことが当然になっていることに気付く。あるいは、地元紙に掲載されるお悔やみ欄の記事を見ても、松山市など都市部に限らずそのほとんどが式場利用形式を採用しており、自宅での葬儀は極めて稀有《けう》な事例に転じてしまった。

ところで、首都圏ではすでに平成二年の上半期に自宅葬が半数を割り込んでいることが、ある互助会のアンケート調査から報告されている。当時、この理由を都市におけるアパート、マンション暮らしの家庭の増加と自宅利用の不可能化によるものと分析しており、会葬者の増加も要因の一つとして挙げている。当時の社会状況を振り返ると、いわゆるサラリーマン社会の発展成熟にともなう社会的な人間関係である「社縁」につながる交際の拡大が背景とみられる。バブル期のころの葬儀習慣を振り返ると、社縁による弔問者は、旧来の地縁・血縁による会葬者数を上回る事例が多くなっていたことが思い起こされる。葬儀をめぐる人間関係が最も拡大された時代であった。

振り返ってみると、私たちは近代以降に二度の葬送をめぐる生活文化の変化を体験したことになる。一つは、専門業者として儀礼の一切を取り仕切る葬儀屋の誕生であり、いま一つが葬祭式場の建設にともなう葬儀の外部化である。葬儀は、江戸時代よりこのかた、地域の共同体を中心とした葬式組・念仏組を形成して執り行うことが一般的であった。四国でも東部には寺檀関係（宗旨）の優先する葬式組も見られる。香川県さぬき市長尾町では、集落内の寺檀関係は複雑で多様である。したがって、葬式組となる講中《こうじゅう》は、寺檀関係に

形式化されながらも残るヒタイボウシと藁ぞうり姿の親族

基づいて結成され、場合によっては集落を超えて組織されて葬式を支えてきた。しかし、愛媛県や四国の多くは町内会や村組と葬式組が重複している。そこへ明治中期より次第に葬儀屋が介在するようになり、さらには、その度合いを増すことで葬祭全般の画一化が進んできたといえよう。そして今、葬祭式場がこれに加わったのである。その普及は目覚ましく、すでに通夜ともども、死亡した病院から自宅を経ることなく葬祭式場へ直行して行われることも少なくない。人の死をめぐる儀礼空間から自宅を含む地域の存在が疎外されてきているのである。

葬式組による野道具（葬具）づくり
（西予市城川町 1982年）

かつて、地域がもつ風土的個性のなかで、葬祭式が寺堂や共同墓地、村の広場や浜辺などで執り行われてきたところも多い。したがって、必ずしも自宅のみが葬祭の場となったわけではないが、これらが例外なく地域社会の内部的な生活空間として存在してきたことは確かであろう。その点で葬祭式場は、葬式組の関与する葬儀とは一線を画することが多く、異質である。

高齢社会のますますの進展が避けられない今日、死亡者数の増加とともに、この確かな葬祭市場に新規参入する業者も少なくない。同時に、地域の生活文化のなかにおける葬祭の位置づけは、地縁（葬式組）の関わりの薄弱化という大きな転換期を通過しようとしている。そして、人生の最期の儀礼の隅々まで、更なる演出が加えられていくのである。

民俗社会と老人

日本の高齢者人口比率が七パーセントを超えて、高齢化社会と称されるようになったのが昭和四十五年、高齢社会の目安とされる十四パーセントを超えたのが平成六年であった。さらに、超高齢社会と言われる二十一パーセントを超えるのが平成十九年とされ、比率が高まる間隔は先進諸国のなかで際立って短い。全国平均の数値を上回って高齢化の進展する愛媛県では、平成二十九年四月の推計値で三十一パーセントとなった。

松山市を含む愛媛県内すべての市町が、超高齢社会に突入していることが調査結果より明らかとなった。なかでも東予・南予の町はすべて四十パーセントを超え、県下の最高は久万高原町の四十六・七パーセントであった。また、就業年齢人口（十五〜六十四歳）や年少人口（十五歳未満）と対比した老年人口（六十五歳以上）指数や老年化指数で見ると、深刻な事態にある自治体が少なくないことが、より一層明らかとなってくる。

ところで、絶対的にも相対的にも増加する老人の存在を、日本の民俗文化はどのように位置づけてきたのであろうか。老いは、ともすると身体的老化などと相まって負の要素と捉えられがちではあるが、近年これに文化的価値を見出そうとする動きが見られるようになってきた。

　老人をめぐる民俗文化として先ず思い起こされるのが、姥《うば》捨て山の昔話である。古くは十世紀に書かれた『大和物語』のなかに、長野県更級《さらしな》の姨《おば》捨山の伝承が載せられており、愛媛県下にも広く分布する。ところが、深沢七郎の小説『楢山節考』の出版（昭和三十一年）やその後の映画化などもあってか、ともすると日本社会に棄老の民俗が存在したかの認識さえ抱かせてきた。すなわち、話の冒頭部に展開される、六十歳を超えた親を息子が土地の定めとして山へ捨てに行くところが強調されすぎた結果と見られる。しかし、話はさらに続き、結論は養老の話として締めくくられるのが一般である。「灰縄《はいなわ》を出せ」とか「打たぬ太鼓に鳴る太鼓」や「木の元と末の決め方」「岩の穴に糸を通す方法」などの難題を、老人の知恵によって解決することでその存在の有用性が認識され、棄老の風習が止んだとする。また、親を捨てるために用いた担い棒やモッコを一緒に連れてきた子どもが持ち帰ろうとするところから、親を捨てることの非

老人から次世代へ講行事が伝承される

を悟ったり、姥捨て山からの帰り道を迷わないようにと親が木の枝を手折って目印とした愛情に感じ入ったりして、結果として親を連れ帰ったというモチーフの話が県下でも主流となっている。

さて、西予市城川町や同野村町、大洲市河辺町などの山間部には、姥捨て山に相当する場所をイナキの駄場と称して特定化して語られるところがある。地名伝承のみが残る所がある一方で、集落間の尾根越し付近に拓けた緩傾斜地のイナキ（穀物などの干燥施設）に、捨てに行った親を着物ごと吊して帰ったという、人干し畝と称する多分に伝説化した話もある。この場合のモチーフも難題型昔話の変形で、結論は老人の知恵によって助けられた息子が親を連れ帰り幸せに暮らすのであるが、実のところイナキの駄場とは何であるかがよく分からない。単に「イナキの駄馬を忌みる」との伝承もあり、人々から忌避される特別な場所であったらしいことが理解できる。いずれにしろ、ここでも老人の存在意義が問われている。

これに類似した伝承として、柳田國男の名著『遠野物語』においては、捨てられる老人たちが集落からさほど遠くないデンデラ野に移り住み、そこから里に下りて野良仕事を手伝いながら、緩やかに死の領域へと近づいていくさまが語られる。また、しばしば引用される弘仁四（八一三）年六月の太政官符において、京畿の百姓たちが病気になった使用人を路辺に遺棄することを禁じている記述などもあり、老人遺棄に類することのあり得た可能性も完全否定はできないのかもしれない。

この地方には、さらに隠居の民俗慣行が色濃く残存するとともに、隠居をした老人による祖先祭祀

左からオモヤ、ヘヤ、カンキョと三世代の家が並ぶ

カンキョに設けられた簡素な仏壇

の機能が顕著である。長男の結婚を契機に親が弟妹を連れて別財、別カマドの形で別棟に隠居し、オモヤを明け渡してヘヤと称する隠居家に移り、社会的に表舞台から退くのである。このとき、先祖の位牌を持って隠居する民俗が西予市城川町などの一部に見られる。「ホトケのヤリ（世話）はヘヤ（隠居）の役目である」などといって、隠居家に設けられた押入れ様の簡易な仏壇に位牌を移して祭祀するのである。さらに祖父母が健在でカンキョが加わった三世代構造になると、位牌だけはカンキョで祀られる。つまり、正月の年神祭りをはじめ家の内の諸行事もほとんど例外なくオモヤで執行するなかで、位牌祭祀に象徴される祖先祭祀のみが、ヘヤまたはカンキョの仏壇で、老人たちの手によって継続されていくのである。また、先祖の墓地にハナと称して樒を立てることもインキョの役目である。したがって、親が健在な間にオモヤがハナを立てることはなく、片親になると片方だけ立てる。そして、両親が亡くなって初めて一対でハナを立てるのが、先祖の墓詣り作法であると教えられた。

そこには、世代を飛び越えることを許さない祖先祭祀の原理と、老人たちが民俗社会のなかに果たす役割の重要性が垣間見られて、興味深いものがあるといえよう。すなわち、あの世の祖霊とこの世をつなぐことが、老人たちの大きな役割だったのである。

祭りとまつり

二十一世紀始まりの夏は、アイドル・タレントを中心とする個性的なユニットである「三人祭・7人祭・10人祭」が、小中学生の間で大ブレイクした。夏祭りをイメージし、健康的なお色気を振り撒く衣装やレゲエ調の振り付け、突っ張り風の髪形などの少女たちが、それぞれにお祭り騒ぎ的なステージを演出したものであった。

さて、考えて見ると、私たちの暮らしのなかには、「祭り・まつり」という言葉がしばしば用いられ、多様な意味を言い表している。各地で繰り広げられている秋祭りをはじめとして、様々なイベントや商店街の売り出し、飲み屋の顧客サービスに至るまで、たくさんの人が集まって、普段になく騒々しく、そして賑々《にぎにぎ》しくして、通常とは異なる状況が作り出される場面の総称としても使われる。両者は使い分けられることもあれば、混然としていることも少なくない。一時期は、神さまの存在を伴う場合を「祭り」といい、そうでないものを「まつり」と表記したこともあったが、はっきりとした約束事ではない。むしろ近年では、研究者の間でも、すべて「祭り」で良いとする意見が増えてきたように見える。

例えば、近年になって若者たちの熱烈な支持を得ている祭りイベントに、高知市の「よさこい祭り」がある。行事自体は昭和二十九年から始まった比較的新しいものである。これが、平成四年に一人の大学生の手によって札幌市に飛び火して始まったのが「ＹＯＳＡＫＯＩソーラン祭り」であり、数年で百万人を超す人々を集める催しへと発展した。さらにこれを模したイベントは、瞬く間に全国で百を超える類似のものが立ち上げられた。いずれも、「楽器としての鳴子を持つこと」および「地域の民謡の一節を曲のなかに取り込むこと」の他はすべて自由という、高知を原点とする単純明快なルールを祭りの方法として踏襲しており、マスコミなどによって「ＹＯＳＡＫＯＩ方式」と呼ばれている。ともあれ、この型にはまらない自由さが、急速に全国展開していった鍵ではあるが、その呼称は「祭り・まつり・祭」と様々に命名されている。

一方、愛媛県下においても、夏の「松山まつり」や「うわじま牛鬼まつり」「川之江紙まつり」「新居浜夏まつり」などを筆頭にして、多様な地域イベントが実施されている。こちらは、概してひらがなを用いた「まつり」と称することが多く、「祭り」と命名しているのは、旧の伊予三島市や八

うわじま牛鬼まつり

幡浜市の「みなと祭り」など少数派である。いずれにしろ、そのネーミングに統一性や使い分けの積極的な意図はあまり伺えず、ポスターの文字配列などに起因する部分が少なくないものと推測される。

確かに、神事としての「祭り」とイベントの「まつり」は、一般に区別して論じられたことが多く、両者の差異は自己アイデンティティーの確認に拘わるか否かにあるといわれる。しかし、「松山まつり」をはじめとした現代社会の都市祝祭は、もはやイベントとしての枠を脱して、市民全体を統合された組織体として位置づけようとする意図のもとに展開されていることは否定できない。その市民祭りを標榜《ひょうぼう》する典型が、平成六年に本格スタートした「今治夏まつり（バリ祭）」を基本として秋の「今治みなと祭り」を統合する形で平成十一年に再出発した「今治市民のまつり〝おんまく〟」であろうか。すなわち、近年の傾向として、イベントからの脱却と市民化の方向性が随分と強くなった。

昭和四十一年に始まった「松山まつり」においても、平成十二年から十三年において初めて抜本的な検討がなされ、市民アンケートを実施するなどして改革に向けた答申書が出された。その作業に深く携わった関係者の一人として言うならば、四国四大祭りを称しながらも、「阿波おどり」「よさこい祭り」に大きく水をあけられていることの要因の一つに、祭りを通した一般市民のアイデンティティーの形成不足が認められた。アンケート結果に表れた松山まつりの認知率は九十四パーセントと高いが、よく見に行く比率は二十二パーセント余に止まり、関心度や若者参加率の低いことが、このことを端的に物語っていた。

一方では、祭りを介しての市民エネルギーの爆発が要求されるとともに、それを可能にするシステム作りも要求される。その意味では、「松山まつり」の規制の多さは、いささか気に掛かった。こうしたことが、行事展開をイベントの枠内に止めて、「祭り」化を阻害しているとも考えられ、市民がある種の不完全燃焼を起こしているというのが実状であった。そこで提言書においては、市民ボランティアの参加促進や野球拳踊りの音源の自由化などを提言するとともに、愛媛および松山の野球文化を核としたまつりアイデンティティーの形成などを盛り込んで答申した。

「祭りとまつり」いずれの表記にしろ、そこに地域社会をまとめ上げる上での大きな役割期待が存在することは確かである。

家例と少数の民俗　―民俗文化の商品化と画一化―

以前に、四国中央市土居町で田芋を使った芋雑煮を食する機会を得た。いわゆる「餅なし正月」である。同町北野のM家一族は、平家の落人の子孫だと伝え、曲折を経てこの地に落ち延びたのが大晦《おおみそ》日《か》であったので正月餅を搗くこともできず、以来、新年を田芋と豆腐の雑煮で祝う。そのためM家では、正月飾りや門松も行わず、年が明けた正月二日に若餅を搗く家例となったと伝える。しかし近年では、正月の芋雑煮の伝統は伝えるものの、餅も搗き、食するようになってきたという。この北野

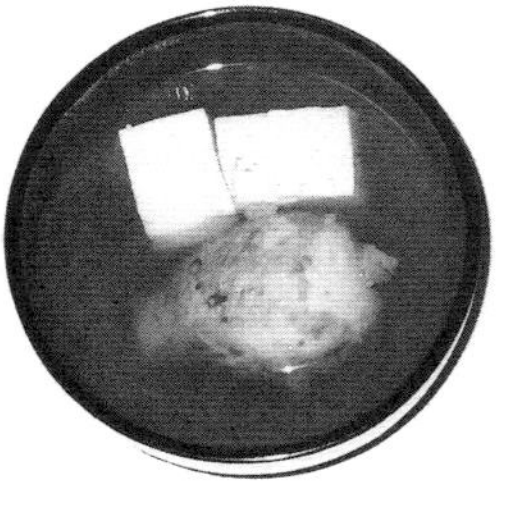

土居町北野M家の芋雑煮

地区では、「家例」ということばが今も十分に機能しており、O家では、逆に正月三が日は豆腐を食べないという。また、両家ともに氏神であった八雲神社（祇園社）への信仰から、切り口が神紋とよく似ているために胡瓜を食べない禁忌を伝えていた。

さて、こうした特定の一族や家で守られてきた家例が、しだいに消えていこうとしている。これら家例の持つ民俗的な意味合いについては、別に考えることにしたいが、現代社会において家例に代表される少数派の民俗文化が伝承の危機に瀕していることは否定できない。すなわち、現代社会では、個々の地域差や個性が否定的に理解されることが多く、全体として、民俗文化の画一化が推進される方向にあるとの懸念は払拭《ふっしょく》され得ない。

例えば、現代家庭において最も実施率の高い年中行事である正月の民俗なども、近年のライフスタイルの変化に伴う正月用品の外部調達と商品経済への組み入れのなかで、急速な画一化と新たな意匠展開が進展している。なかでも、しめ飾りの自給による調達は激減し、加えて旧来の年の市も次第に姿を消していくなかで、スーパーマーケットやホームセンターへの依存が殊に高まっている。

愛媛県下の正月のしめ飾りは、結構な地域性がうかがわれて多様である。しめ縄の形もさることながら、これに垂らしたワラの本数や取り付ける山草（裏白）の表裏や譲葉《ゆずりは》（若葉）、木炭等の有無など、地域や家ごとの差異が存在してきたはずである。しかし、商品化されるなかで、その形式は次第に集約されてきているのが実情であろう。県下に広く店舗網を持つホームセンターの店頭では、平成十四年末頃からであろうか、松山型のしめ飾りの躍進が顕著となった。松山市周辺の店舗はもちろん、東予地方でも松山型と銘打って新開発のリース型しめ飾りなどとともに店頭を占拠し、地域の従来型を駆逐してしまった感が強い。上部が大きくて丸い杓子《しゃくし》型で、山草の裏を表にして付ける道後平野に対し、道前平野では上部が小さくて長い足を垂らした拳《こぶし》型で、山草の表を出して若葉と合せて付けるものが主流であるが、地域のホームセンターの店頭には見当たらなかった。

松山地方のみならず、東予地方の店舗にも「松山」型のしめ飾りが並ぶ

この現象は、しめ飾りという民俗文化が自給する存在から商品へ移行するなかで、比較的需要の多い道後平野形式の「松山」ブランド化が推進された結果と考えられる。梱包用の段ボール箱にも、「松山型」とはっきり明示されている。とはいえ、道前平野型のしめ飾りが商品化されていないわけではない。香川県資本のスーパーマーケットの店舗では、愛媛県での事業展開に当たり、これが東予型として類型化され、歳末商戦のチラシにも示されている。しかし、それはブランド化されたものではなく、部分的な需要が見込まれる商品という程度のもので、少なくとも松山市など中予地方の店舗で取り扱われる可能性はなさそうである。民俗文化の商品化は、正月飾りの民俗を残しながらも、個々の地域性に富んだ類型を多数派に集約し、少数の民俗を次第に変化させようとしているのである。

この傾向は、地域社会の祭りの民俗におけるダンジリや太鼓台、牛鬼の普及などでも同様の動きを見ることができ、市町村の広域合併推進のなかで、さらに進展するものと考えられる。その意味では、民俗の変化が共同体内部からではなく、むしろ外部的な数の要素によって引き起こされる状況を迎えている。私たちの暮らしのなかには、少数派なるがゆえに見過ごされたり、多数のものに飲み込まれたりしている民俗も多くある。こうした少数の民俗文化への眼差しを大切にしたい。

市町村合併の民俗学

平成十六年の春から、広域市町村合併による新しい市町の誕生が、各地で目白押しであった。特に、すべての市町村がこの流れに巻き込まれた愛媛県では、同年の秋から翌十七年一月にかけ、合併特例法の期限も手伝ってラッシュアワーの感さえ呈した。しかし一方では、合併のための法定協議会が設立されながらも、この枠組みからの離脱宣言やそれを匂わせる話題にも事欠かなかった。住民不在のなかで、政治的な駆け引きや綱引きが展開され、よく分からないまま物事が進んでいたようで、辟易《へきえき》することも多かった。

さて、この平成の大合併を巡る議論のなかで、民俗学は何を発信できたのだろうか。愛媛民俗学会ではこうした問いかけの集会を催した。小規模ではあったが、予想を上回る参加者が集まり、関心の高さを実感した。一方で、議論の煮詰まり具合は十分とはいえなかった。

市町村合併を巡っては、早くより歴史学関係者から、公文書の散逸を防止する措置への要望が出されてきた。これは、民俗文化財についても同様で、収集民具の移管を巡る散逸が懸念された。そのためにも、事前段階での資料情報の整理が急がれた。しかし、今回の合併は、文化行政の問題として片付けられるものではない。実は、私たちの民俗文化の在り方とも大きく関わってくることが予想されながら、その認識は低かった。

例えば、各地の合併に伴う住民説明会などで必ず取り上げられる事柄に、広域合併後の地域格差の問題がある。特に、市町域の周縁部に位置し、昭和の合併で結果的に辛酸を舐めた地域では、切実であった。県下でも、小松町石鎚（現、西条市）や玉川町鈍川地区（現、今治市）など、近世以来のムラ（一定規模の共同体）が消滅し、存亡の機に直面しているところが少なくない。今回の合併により、本県でもほとんどの自治体が四百平方キロメートルを超えた。そうなれば、内部の地域格差はさらに拡大し、ムラとしての存立が危ぶまれる集落が増加するものと考えられた。

一般に、民俗文化が伝承されるためには、ムラの存続が不可欠である。生産活動における共同労働、道普請などの共同作業や消防団などの災害対応、祭礼の執行など共同体の存在を背景とした民俗は多

昭和の大合併直後の山村風景（西条市加茂地区 1960年）
ーその後、辺境となったムラの変容は速いー

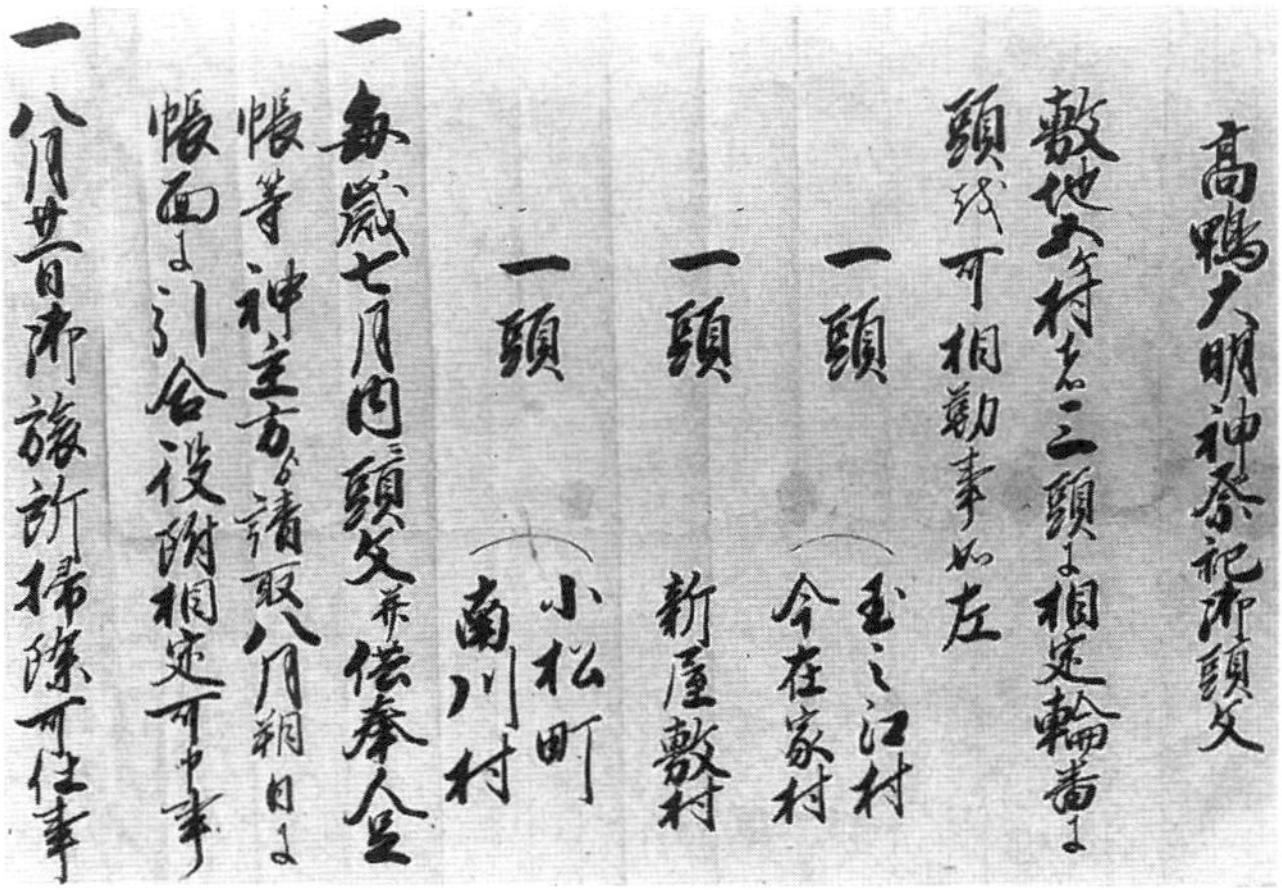

近世井出郷の祭祀体系を示すお頭文《とうもん》（小松町高鴨神社蔵）
―郷を単位とする共同体も近代社会に入り、多くは解体した―

い。また、民俗が単に知識として伝えられるだけではなく、具体的な行為として実行されるには、往々にして家族や伝承すべき対象の存在を必要としてきた。このことは、高齢者の単身世帯では、家族世帯に比べて民俗行事の実施率が概して低いことなどがよく物語っている。南予の山村では、郷土料理の語り部である女性が、作るべき家族がいなくなったことから調理することを中断したという話も聞いた。このことからも、民俗文化に対する人々の心意の変化が読み取れる。

　かつて高桑守史《たかくわもりふみ》は、過疎と民俗文化の変貌について論じるなかで、この心意の変化を民俗学の重要課題としたが、現代社会においてそれは着実に進んでいる。なかんずく、ムラを存続させることへのこだわりは、明らかに希薄化している。人々の暮らしにおいて、共同体への依存度が低下したことなどによるものと考えられる。例えば江戸時代には、新田開発などが進展する一方で、山村ではムラを維持するために外部からの移住者である「入り百姓」を広範に募ってきた。西予市城川町窪野では、近隣の村々に加えて、土佐（高知県）は幡多郡からの入り百姓も見られた。すなわち、共同体を維持するためのあらゆる施策が講じられていたのである。しかし、今、人々はそのこだわりを、なかなか持ち得ないでいる。

そうであるならば、今回の市町村合併という外部要因によって惹《ひ》き起こされるであろう民俗文化の変化に対して、私たちはあまりに無策・無防備だと言わざるを得ない。行政任せではなく、地域がムラとしての本来の自立性を確立することが、焦眉《しょうび》の急務である。田舎暮らしの故もあり、住民不在の合併論議に将来の不安を覚えたなか、地域における実学としての民俗学の在り方が問われたことにどれほどの回答を示し得たのか、いささかの心もとなさを感じている。

大掃除の季節感雑考

例年のことながら、師走を迎えて歳末商戦がたけなわとなるなか、ホームセンターなどの折り込みチラシにも、迎春準備に関する商品が目白押しとなる。家の大掃除に関する分野もその一つである。近年では、住宅構造の変化などもあって、フローリング仕上げの床拭きや各所の汚れ落としなどに対応する新商品が開発され、新米主婦にも「掃除の達人」を演出してくれる。

しかし、俳句の歳時記では、意外にも大掃除は晩春の季語である。これには、明治三十三（一九〇〇）年三月に公布された廃棄物処理に関する法律である「汚物掃除法」（法律第三十一号）の影響が大きい。内容的には公衆衛生の向上を目指し、市町村が汚物（ごみ・糞尿《ふん》・動物の死骸《しがい》など）清掃の義務を負うことや焼却処理を推進するとともに、春秋の大掃除を義務付けるものであった。これが戦後になると、昭和二十九（一九五四）年七月公布の「清掃法」（法律第七十二号）へと引き継がれる。この法律でも、第十六条に「大掃除の実施」の項目が置かれ、「建物の占有者は、建物内を全般にわたって清潔にするため、毎年一回以上、市町村が定める計画に従い、大掃除をしなければならない」と定められている。こうして地域一斉の大掃除の日程が定められ、畳床《たたみどこ》を裏返して天日干しや障子の張り替えなど、まさに一日掛かりの大掃除が、昭和四十年頃まで励行された。そんなところ

正月をひかえ氏神様も大掃除。氏子の人々は社殿のそこかしこを篠竹で丁寧に煤払いする

大掃除を終えすっかり迎春準備も整った社頭風景（西条市）

から、季節感を示す風物詩として歳時記にも取り込まれたものと見られる。

一方、ライフスタイルの変遷とともに、「清掃法」が実質的な意味を失うに至って、この大掃除は、私たちの暮らしから脱落していった。法律も昭和四十五年より産業廃棄物処理に関わる内容を中心としたものへと改正されていった。そのため大掃除は、逆に人々が古くより慣れ親しんできた、暮れの煤払いや迎春準備としての大掃除へと移行していくのである。ともかくも、私たちの生活の季節感に、暮れの大掃除が再度に定着して久しい。

暮れの煤払いは地域によってその日取りも異なるが、愛媛県では、一般に事始めに当たる十二月十三日が当てられることが多かった。越智郡上島町の魚島《うおしま》では、氏神の境内に自生する篠竹を取ってきて煤払いをした。これを煤はき竹・浄め竹と呼んで家の煤払いをし、その日は煤はき雑煮と称して小麦の団子雑煮を食することになっていた。今治市大島や大三島でも同様であったし、松山市中島では、正月用の諸道具を浜に出して洗い清める風であった。このように、正月を迎えるための掃除を行った瀬戸内地方に対し、四国山地では事始めは幸い木などを迎える日として意識された。近年では、こうした煤払いや日にちを定めた儀礼的掃除の民俗は姿を消し、冒頭にも示した正月前の汚れ落としという認識へ変化してきた。

ところが、暮れの大掃除にも、ちょっとした異変が生じているという。ある大手メーカーの調査によると、少し以前のデータではあるが、平成十五年末の大掃除実施率は九十二パーセントで、十年前に比べて十三パーセント増加した。しかし、窓ガラスの拭き掃除については、大幅に低下して六十四パーセントの実施に止まるというのである。この状況を、ある掃除アドバイザーは、正月に対する意識の変化と一気呵成《かせい》に行う大掃除への気力・体力の低下、さらには分散型掃除への移行によるものだと分析していた。だとすれば、この先、私たちは大掃除に対して季節感をもち続けられるのだろうか。はたまた、大掃除という暮らしの行為が、今後も共通の価値観として継続され得るのかさえ、予断を許さぬものが感じられるのである。

戦争伝承の民俗　―終戦六十周年に考える―

昭和の大戦が終結してから六十周年を迎えた平成十七年は、政府主催の戦没者追悼式における遺族の世代交代が進み、親世代の出席が皆無になるという年であった。また、戦争体験者の年齢も確実に上昇し、戦争の記憶が遠のいているのが現実である。すなわち、実体験としての戦争から「伝承としての戦争」へと変化し、私たちと戦争との関わりは希薄化している。

民俗学の世界でも、三十年ほど前から戦死者である英霊への祭祀について考えようとする方向性が示されている。特に、柳田國男が戦争中に執筆し、戦後すぐに出版された名著『先祖の話』に記される、日本人の祖先観の再検討などが、戦死者の弔い上げに当たる戦後五十年を迎えるころより、俄かにかしましくなってきたのである。そして、柳田の説くように、年月を経て祖霊となった霊魂は、果たして故郷の鎮守の森へと回帰するという現象が各地で見られるのだろうかという素朴な問いかけが発せられた。しかしながら、これを跡づけるような民俗は、残念ながらうかがえなかった。また、神道教学においても、祖先祭祀の理解に柳田民俗学の影響を受け過ぎてきたのではないかとの自己批判もなされるようになった。とはいえ、このころから、民俗学が戦死者の供養や祭祀について、少し踏み込んだ発言や考察をするようになったことは喜ばしいことで、愛媛県下でも歴史文化博物館などにより関連資料が集められている。

ところで、現在の私たちが、伝承化していく戦争について考えようとするとき、一つの手掛かりとなる民俗事例が、県下にも数多くある。中世末期を中心とした落城や落ち武者の伝承であり、また軍記物の影響である。土佐の長宗我部《ちょうそかべ》氏の侵攻や、豊臣秀吉による四国平定にかかわる落城伝承のほ

奥の城主供養のためのダイバ踊り（松山市福見川町 1983年）

勧修寺基賢を供養する能山踊り（愛南町久良 1982年）

か、在地の土豪間での勢力争いなど、多様な戦争を背景とした民俗伝承が数多く伝えられている。これらは、御霊《ごりょう》信仰と関わっての供養的な祭祀や奉納芸能として伝えられることが多く、時期的には盆のころに集中する。

徳島県三好郡を中心に勢力を有した大西備中守元武《おおにしびっちゅうのかみもとたけ》に由来する四国中央市新宮町の鐘踊り、薦田《こもだ》備中守義定《よしさだ》の供養とする同市土居町の薦田踊り、松山市湯山の奥の城落城にかかわる日浦地区のダイバ踊りや川念仏・川幟《かわのぼり》・川瀬餓鬼の行事、東温市山之内の楽頭《がくとう》は加藤遠江《とおとうみ》守の供養と伝える。大洲市肱川町山鳥坂《やまとさか》の本願寺念仏楽や同所ヌタノオの組施餓鬼は、同市菅田の大野直行の追善供養としての性格を兼ね備え、南宇和郡愛南町の能山《のうざん》踊りは御荘《みしょう》領主の勧修寺基賢《かんしゅうじもとかた》の供養であるなどなど枚挙に暇《いとま》がない。

また、「千人塚」と称する古戦場跡の供養塔も各地に散在する。ここに軍記物語が加えられると、戦争はさらに増幅されて伝えられる。こうした戦争伝承の形成は近代にも見られ、日露戦争を頂点とした忠霊塔の建立は、千人塚の近代版ともいえる。

このほか、いわゆる「氏神の出征伝承」も形成された。氏子の出身者が戦地で九死に一生を得たとき、氏神の神馬の足に海藻がついていたとか、戦争が終結したころに大きな音とともに氏神に何かが飛来したなどという伝承が、普遍的とはいえないまでも、戦争に付随して語られてきた事例は少なくない。ところが先の大戦では、出征兵士の心理的な拠り所としての神仏の姿はうかがえるものの、氏神の出征伝承はついぞ聞かれることがなかった。一方で、供養塔の建立は大戦後も今日に至るまで盛んである。戦後しばらくしてから戦死者に対する定型的な軍人墓の建立が進み、地域の婦人会を中心とした春秋の墓参活動もなされてきた。

こうした戦争にかかわる民俗文化の在り方は、何を意味するのであろうか。総体的な戦争伝承の希薄化は否定できない。その一方で、伝統的な民俗事例にオーバーラップする形で、大戦後の基本的な歩みも進んできたと言える。しかし、今後の戦争体験の風化とそれを伝承することの在り方を考えたとき、既存の民俗的枠組みだけでは捉えきれないものが感じられるのである。

祭日の変更と統一

伊予路の秋は、祭りがたけなわである。新聞紙上などでもしばしば取り上げられ、地域密着型の季節感を演出している。また、太鼓台やダンジリ、牛鬼などの写真を掲げた企業協賛の全面広告は、主要な観光資源をアピールしている。

さて、これら紙面を見ていると、ある特定の神社の祭りではなく、松山祭りや新居浜太鼓祭りなど、地域的な広がりを持った祭礼名称を付随させて紹介していることが多い。すなわち、広域にわたって祭礼日を統一した、いわゆる「地方祭」である。しかし、この祭礼日の統一がどのような過程で行われたかについては、実のところあまりよく分かっていないのが実情であろう。例えば、南宇和郡の秋祭りが十一月三日に統一されたのは、大正四年からのことであるが、これは当時の郡長の意向によるという。新居浜市の太鼓祭りが十月十六～八日に統一されたのは、昭和四十一年であった。こうした祭日の統一事例として、最も初期のものが十月六、七日に行われる松山祭りであろう。

近世の松山藩においては、旧暦八月・九月のうちに領内の祭礼を実施するのが大原則であったが、基本的には神社ごとに異なっていた。その一方で、実は近世以来、何度も祭礼日を統一する動きが存在した。松山藩では、松山城下を中心とした城下祭礼と周辺郡部の郡方祭礼に二分されたが、藩命により享保《きょうほう》十二（一七二七）年に城下の祭礼日が統合されたことがあった。このときは、数年で元に復したが、一方では祭日がたいへん流動的な存在であることを示している。松山の城下祭礼は、町方を氏子として含む四

統一された南宇和郡の秋祭り（愛南町内泊）

秋から春に変更されながらも続く別宮大山祇神社のオトウワタシ（今治市）

つの神社の祭りを指したが、外部的には、八月二十五日の味酒《みさけ》（阿沼美）神社祭礼を代表とした。このことは、近世後期に作成された諸国祭礼の見立て番付にも表れており、前頭の番付外ながら「伊予松山祭」の名称を見ることができる。

その後、明治三（一八七〇）年には、松山藩内の祭礼が、藩命によって道前＝九月二、三日・道後＝八月十四、五日・城下および三津＝八月二十一、二日の三つに集約される。しかし、翌年の廃藩置県を経て、藩が意味を持たなくなると再び旧に復していく。この時、旧の和気郡や温泉郡では、一時的に城下祭りとの日程の合祭化が図られ、後の松山祭り成立の嚆矢となった。ところが、明治六年から実施された太陽暦の採用によって再び流動的となり、多くの神社においては新旧の暦を取り混ぜながら、毎年のごとく祭日が変転している。そして、新暦十月六、七日の現行日程にとりあえずの落ち着きを見せるのが、明治十五年と推測される。すなわち、松山祭りは味酒祭礼が基になったという伝承に従えば、太陽暦の採用後に旧暦の祭礼日が現行の十月六、七日と重なるのが明治十五年であり、このときに太陽暦に移行したものと考えられる。

同様に、松山平野の南部および東部の中通り祭りも、明治三十年の郡の統廃合を受けて、当時の温泉郡東南部（東温市および松山市南部）の祭日が明治三十一年に十月十四〜六日に統一され、その原型が形成される。その後、これが大正初期にかけて伊予郡地域にも拡大されるなかで、松山城下町の付近と山間部との中間に位置する中通り地域の祭りとして日程統一がなされたと考えられるのである。

かつて柳田國男は『祭日考』（昭和二十一年）を著し、春秋の祭日を基本とした祭日変化の五段階などを示すとともに、各地の総社などと関わる合同祭には言及するものの、地域的な祭日統一＝合祭については全く触れていない。当時、全国的には生活改善の動きや広域的な祭日統合があまり進展していなかったのであろうか。その意味では、愛媛県などは地方祭成立のあり方を考える格好の素材なのかもしれない。

加えて近年、地域社会の産業構造の変化などから、祭礼の休日実施が増えている。県下でも、東温市や旧北条市のほか、旧越智郡の町村など地域全体が土曜日・日曜日を選択して祭りを実施するところが増加した。すなわち、現代的な事例も含め、祭礼民俗の研究において、この「祭日の変更と統一」が、人々の心意にどのような影響を与えてきたのかも見極めねばならないだろう。

民俗文化の変容と真正性

平成十六年の文化財保護法の一部改正を受けて、文化財の定義のなかに「文化的景観」が加えられ、同十七年四月より施行されて久しい。これにより、滋賀県近江八幡市《おうみはちまん》の水郷《すいごう》地域や岩手県一関《いちのせき》市の中世荘園集落である本寺《ほんでら》地区が、相次いで国の重要文化的景観の指定を受けている。愛媛県でも、宇和島市遊子《ゆす》の水荷浦《みずがうら》の段畑風景が文化庁によるモデル地区の選定を受けて候補に上り、地域を挙げた総合的な調査を経て、平成十九年に指定された。これに続いて、同二十九年には北宇和郡松野町でも奥内の棚田と農山村景観が二例目の指定を受けた。

さて、法律上の定義では、「地域における人々の生活又は生業及び当該地域の風土により形成された景観地で我が国民の生活又は生業の理解のために欠くことのできないもの」を文化的景観と規定している。要するに、人々の暮らしの足跡そのものである。そして、その価値基準を判定するためのキーワードとして注目されるようになったのが、オーセンティシティ（authenticity）という価値観である。まだ

最初の重要文化的景観指定を受けた近江八幡市の水郷風景とヨシの群落

十分にこなれた用語とはなっていないが、一般に「真正性」とか「本物性」などと訳されることが多い。そこにおいて、何が変わらずに継承されているのかが、景観を評価するうえでの重要な要素として捉えられているのである。

オーセンティシティは、また、世界遺産登録にかかる主要な指標であるが、平成六年に奈良で開催された世界文化遺産に関する「奈良会議」を通して、欧米的な石造の構築物に対する日本の木造建造物の価値を国際的な認識として共有するために再議論されたという。これにより、繰り返し修理を重

宇和島市遊子・水荷浦の段畑全景

半島部の頂上まで積み上げられた段畑の石垣景観

ねることで長く保存伝承されてきた日本建築などに、改めて真正な価値が見出されたわけである。

ところで、文化的景観は、その地域の民俗文化とも不可分の関係にある。したがって、そこでは民俗文化のオーセンティシティも改めて問われなければならないことになる。水荷浦の段畑では、その本質的価値を「多様で独特の生業史の反映としての景観」（保存・活用計画書）として捉えている。その一部には人間の側からの自然に対する過度の働きかけがなかったわけではないが、それは単なる破壊行為ではなく、実はそこに多様な民俗文化を生成させてきた。

例えば、段畑が存外に多くの畑作儀礼を伴ったことなどは、その証左であろう。水荷浦の段畑では、春先の麦ほめ、初夏の虫供養、秋の社日と亥の子などの儀礼が実施され、畑作物の豊作祈願や収穫感謝が繰り返されてきた。それは、稲作儀礼ほどの構造性は有していないが、逆に水田稲作地帯における畑作儀礼よりも多様である。あるいは、餅の贈答儀礼に代表される稲作文化の影響を受けながらも、正月の儀礼食である雑煮においては、段畑での生産物であった麦やサツマイモを多用した食文化を形成してきた。また独特の運搬や維持管理の方法も見られるなど、地域の生業基盤としての段畑の位置づけと文化性が存在する。

しかし、昭和後期以降の地域の生業基盤の変化とともに、現状ではすでに変容してしまった部分が大きい。特に無形の民俗文化の多くについては、基本的に今後の伝承は見込みがたく、困難である。すなわち、所与《しょよ》の民俗文化が伝承背景を失ったとき、私たちはどのように、何をもって真正性を保障するのかが、この先の保存活用における大きな課題となってくる。

「あるもの」という意識の喪失　―除草の民俗―

夏も盛りを過ぎ、ここかしこで稲穂が頭《こうべ》を垂れ始めるころ、いつも思い出すのが、「百姓の盆喜び」という言い回しである。道後平野では、昭和の後半まであろうか、月遅れの盆のころに稲の花が咲いて穂が出始めた状況を見て豊作を期待したところ、いざ収穫してみるとそれほどでもなかった様をやや自虐的にこう表現した。あるいは「百姓の盆誇り」とも言った。かれこれ四十年ばかり前であろうか、生家近くの田園風景が広がる駅のベンチで、電車を待つわずかな間に交わされた老人たちの何気ない会話の一コマである。そこには、稲作を業としながらもその難しさを戒めとして抱いてきた、農家の古老たちの謙虚な気持ちの表れを感じ取ることができた。

一方で、平成の農村風景は大きく変貌した。各地で展開された大規模な圃《ほ》場整備の推進により、区画ごとに異なった作付けの風景が出現し、地域の皆がともども盆喜びや豊作期待を感じることはなくなった。巨大な区画の田んぼには、用水路を通すことなく水を引くことが可能となり、田植えの時期が分散化することで、結果として稲刈りまでの作業時期は随分と多様化し、風景全体としての季節感も感得できにくくなった。いまの田園風景は、まさに幾何学模様である。そんな、すっかり様変わりしたものの一つに除草と草刈りの作業がある。田植えや稲刈りのように、機械化が進んだ主要な農作業ではないが、作業としての位置づけと草に対する価値観は大きく変化したというべきであろう。

田舎神主をしていると、神社境内の清掃と並行して駐車場や参道などの草引きに追われることしきりである。恐らくは、年間に数万本の草を引いているであろう。ところが、地域の皆さんにお手伝いいただくとき、その対応方法は大きく異なり、草引きという作業が意に反して、民俗として根づいていないことを知らされた。すなわち、農家の年配者たちは鍬で草を削り取って対処し、それ以外の方たちは除草剤を撒けばよいことだとなる。ここに、除草という作業に対する暮らしの価値観の相違を垣間見ることができる。

草削りという行為は、昭和のころには、畑作や麦作など畝《うね》立ての作付けでは当たり前の農作業の一つであったが、ほとんど見られなくなってしまった。地表面を削り取るだけであるから、時間が経てばまた生えてくることしきりで、抜本的な対応ではない。そこに変わって登場したのが除草剤の散

水田の区画ごとにイネの成長時期は大きく異なる（西条市）

一区画ごとにポンプから直接に灌水される水田（西条市）

布である。こちらは、そっくり取り除くことを目的とするが、前者には、草は生えるもの、すなわち所与の存在として「あるもの」という価値観が前提としてうかがえる。なお、草引きには、屋敷地としての管理意識が加わり、雑草をなくすことに主眼を置いていると言えようか。

考えてみると、私たちの暮らしにおいては、「あるもの」としての草の持つ役割も大きく変化した。牛馬の飼料や肥料として欠かせない存在であった昭和も前半のころまで、草を刈り取ることはまさに競争であった。各地で「嫁と草の取り置きはできない」などと言い、草が伸びきる間もなかった。また、田んぼの畔草《あぜくさ》も、今日と異なりその刈り取りの権利を巡って争いも起きる状態で、水の掛かり方から上方の田の所有者の帰属となるのが基本でもあった。あるいは、一鎌《ひとかま》掛かりといって、草刈り鎌の届く範囲は、下方の田の者にも畔草を刈り取る権利が認められた。

私たちは、常に「あるもの」という前提に立つと、とりあえず除くことを求めてきたが、それはある意味で手軽で実利的な対応でもあった。他方、「除くもの」という認識が通念化した今の社会では、対応も大きく変化したと言えよう。現代においては、暮らしのなかに「あるもの」という緩やかな生活意識の喪失が加速され、その分だけ味気なさが増幅されているのかもしれない。かつて四国地方では、神社に参拝することを広く「お庭草を踏ませていただく」と謙虚な心持ちで表現した。さすれば、草はあるものとして、草引きも程ほどにしてもいいのかと思っている。

日本文化のなかの子ども

私たちの生活の周辺から、子どもの姿が遠のいた感を抱くようになって久しい。子どもがいなくなったわけではないが、暮らしのなかでの存在感や息遣いのようなものが見えにくくなったことは確かであろう。一方で、日本社会における少子化の進展がもたらす諸問題に関する議論は、殊のほかかまびすしくなり、任命された内閣府特命担当大臣も延べ十人を超えた。

総務省統計局によると、平成二十五年十月一日現在における日本の全人口にしめる年少人口比率は十二・九パーセントと推計され、全国的な低下傾向が続いている。一方で老年人口比率は増大し、過半数の道府県では年少人口の二倍を超えた。かつてのような安定した人口ピラミッドは姿を消し、今にも崩壊しそうな不安を覚える。

現代社会では、この年少人口部分に当たる十五歳未満を一括して「子ども」と認識することが一般的である。しかし、伝統的な民俗社会における子ども理解は、少しく異なっていた。そこでは、数え年七歳を大きな境目とする「七つ前は神の子」「七つ前は神のうち」という表現に裏打ちされた子どもの理解が存在した。

すなわち、新生児やその後の生存が不確かな乳幼児は、未だ神さまの支配する存在として捉え、安定的な生存の見込まれるものとは理解していなかった。近年の歴史人口学などの研究によると、近世後期の出産における死産率は十から十五パーセント、生後一歳未満の乳児死亡率が約二十パーセント、五歳までの幼児死亡率が十数パーセントと推計されている（鬼頭宏『人口から読む日本の歴史』）。単純に計算すれば、乳幼児段階で三分の一から半数近い子どもが死亡していたことになり、その生存の可否は神さまに委ねられていたとの理解にも頷《うなず》けるものがある。近代に入っても事情は大きくは変わらず、昭和前期まで似通った傾向が継続されるなど、依然として乳幼児の死亡率は高く、結果的に平均余命をも引き下げてきた。

加えて幼い子どもの霊魂は不安定で、時としてこれが抜けてしまい、ぐったりしてしまうとされることがあった。この状態を昔の人は「ウブが飛んだ」といい、背中などを叩《たた》いて正気に戻すことを「ウブを込める」といった。

さて、「七つ前は神のうち」という認識を前提として、純真無垢《むく》な幼児が神祭りにおいて重要な役割を演じる事例も少なくない。香川県の金刀比羅宮ほかのトウニンゴやヒトツモノ、高知県下のギョウジ・イタジョウなどと呼ばれる白粉で化粧した子どもたちが、籠や馬に乗ったり肩車されたりして

立ち芸の最上段で獅子を遣う子ども（今治市）

祭りの行列に参加するなど、その扱いは殊更に丁重である。まさに、神の依りましそのものである。あるいは、愛媛県今治市のアクロバティックな獅子舞（継ぎ獅子）において、四段五段と人の肩の上に積み上げる立ち芸の先端に上がる獅子子も同様の存在である。

子どもが無事に成長し、数え年七歳を迎えると、これを地域社会として祝う風習が南九州や奄美《あまみ》地方に広く見られた。奄美大島では、七歳の子は正月七日にナンカンジョッシェとかナンカンドースイ（七日雑炊）と称して米・野菜・昆布・豚などを炊き込んだ雑炊を七軒の家からもらい歩く風習であった。

二十数年も前になろうか、この民俗のことが気になって奄美大島沖の東シナ海に浮かぶ離島である与路《よろ》島を訪れたことがある。奄美地方のなかでも、「神の子から人の子へ」という七歳の子どもをめぐる通過儀礼が、見事に演じられてきた島であった。与路島では、「七つまで神のクァー（子）」と表現されたが、正月を迎えて数え年七歳となった子どもたちは、先ず正月二日にフデトリと称し、筆を取って文字を書く。いわば、七歳限定の書初めを行った。次いで正月七日になると、当該の子どもたちは午前中に近隣の七軒の家々を回って七種の具が入った粥《かゆ》・雑炊をもらい歩く。与路島では、ナンカンジョウスイという。そして、午後になると七軒の家の者を招いてサンゴン（三献）を行って祝い、社会的な認知を経ることで神の子から人の子へと変身したのである。

一般に子どもは、大人に比して弱く従属的な存在として認識され、その姿かたちも異なる。童形八幡神像や稚児大師像の髪型などはその典型であろう。一方で所属する地域社会においては、子どもに対する特定の役割期待が存在した。西日本における亥の子や東日

相撲練りを奉納する子どもたち（宇和島市三浦）

本の十日夜などの収穫儀礼、正月のしめ飾りや門松などの焚き上げを行うトウド・左義長・三九郎焼き、盆の迎え火・送り火の行事である千灯万灯・火やろ・盆飯の行事など、いずれも地域社会の民俗行事として機能したものである。

これらの年中行事を子どもたちが主体となり、概ね七歳から十五歳くらいまでの少年たちが、一部に少女を交えて集団的かつ組織的に営んだところに特徴がある。この組織を民俗学などでは便宜的に子ども組と称している。すなわち、年齢差のある子どもたちが一団となって行事を執行することで、地域のなかで生活するすべや価値観を自ずと学び取る、ある種の社会化の場でありしつけの場でもあった。

盆の火祭りを行う子どもたち（松山市難波地区）

かつて流行ったH２Oの曲「思い出がいっぱい」の歌詞に「大人の階段昇る君はまだシンデレラさ」というフレーズがあったが、子ども組に属しての学びは、子どもから順次に大人へと駆け上がっていくワンステップであった。そこでは、小さな大人としての子どもの位置づけがされてきた。しかし、地域における子どもの役割として位置づけられてきた子ども組の行事は、生活改善という名の社会風潮などを背景とした昭和三十年代の学校教育現場からはむしろ否定的な指弾を受け、結果として亥の子などの行事が中絶してしまった地域も少なくない。一方で、いじめ問題などが多発する中でその役割は再評価され、大人のサポートを伴いながら子ども組の再組織化が進んだものの、この後、少子化のうねりのなかでどのような道筋が開けるのであろうか、注視される。

『大正ロマン三十六号』（二〇一四年九月二十五日発行）より転載

第四章　民俗伝承の活用を考える

価値観の民俗学

社会の近代化とともに、人々の暮らしや考え方の多様性が指摘されて久しい。地域の生活文化である民俗は、本来なら地域社会をまとめ上げる役割を果たしてきたはずだが、現代社会においてその根幹が揺らいできたのである。市町村合併の進展に伴う民俗文化の変容や、地域＝ムラの自立性のことなどの問題とも絡む事項である。そこで、私自身の在所の事例から、民俗文化の伝承に対する人々の価値意識について、少し考えてみることにしたい。いわば、一つの実験民俗学である。

私が、学生時代からの調査地としていた西条市丹原町の綾延神社に、縁あって宮司の後継者として招かれたのは、昭和五十七年のことである。広々とした田園風景のなかにひっそりと佇む古社であるが、建物は古色然として老朽化したうえに傾き、前途の多難さを覚えた。さて、綾延神社は周桑平野の南部にあたる旧周敷《すふ》郡に位置し、この付近には、年々の祭りを特定の祭祀担当者や地域を定めて輪番に行うシステムである頭屋制度が存在する。これに付随して中世後期のころに成立したと考えられる祭祀習俗であるお仮屋・精進屋および榊指し神事の民俗が伝承されてきた。氏神の例祭（秋祭り）に際して、神社に鎮まる神霊を、一時的にその年の祭祀担当者の家に迎えるための仮の施設と依り代である。古くは、西条市北条・鶴岡八幡神社に伝わった大永六（一五二六）年の記録や西条市小松町の高鴨神社に現存する天正五（一五七七）年の文書に「精進屋」と見えている。あるいは、綾延神社に関する寛永五（一六二八）年の祭祀記録には、「御假屋」と記載されている。多くの神社では、近世中期までに消滅したものと見られ、祭礼に関する文献にも登場しなくなるが、綾延神社では、昭和三十六年まで断続的に伝承された。したがって、調査対象であるとともに、何とか自身の手で保存伝承を図りたい対象でもあった。

　綾延神社のお仮屋は間口一・八メートル弱の平《ひら》入りで、ほぼ方形の建物の四周を藁菰《こも》で囲い、前面の上部を開放し、屋根は切り妻の藁葺《わらぶ》きないし杉皮葺きであった。合わせて母屋の屋根に榊を指し立てて旧暦八月一日に神社の祭神を招き、同月二十九日まで祭祀担当者の頭屋の主人が氏子を代表して神祭りを奉仕するものであった。こうした中世的な祭祀要素を基盤に、近世に入ると寛永年間より神輿《みこし》の渡《と》御《ぎょ》行列が始まり、さらに近世中期より奴《やっこ》行列や獅子舞などの芸能が付加されて、農村の祭りとしての現在の姿の原型が完成する。また、近世を通して中世以来の神仏習合の祭祀が継続し、幕末には広大なお旅所の敷地が確保されて祭礼市が立ち、近郷から多くの人々が集まって賑わいを見せた。同じころには、当時の流行りを受けて二台の小型ダンジリが導入されるが、農村では数年で姿を消した。一

中世以来、神の依り代として頭屋の棟に立てられる榊

宵宮の晩に殿中奴《でんちゅうやっこ》奉納の練習をする青年たち

度は受け入れたものの風土的に馴染《なじ》まなかったようであり、ここらに町場と農村の文化的差異が存在することにもなる。

近代に入ると神仏が分離し、代わって祭神ゆかりの旧家の関与が強まる。さらに、一部の氏子区域が分離し、頭屋制度の在り方にも変化が生じる。また、酒税法の施行により濁酒作りに規制がかかり、代わりの甘酒もやがて中止された。一方で大正期には、奴行列へ神輿が突っ掛けていく行為が、突発的なことから起こり、これが観衆の支持に押されて定着するとともに、結果としてその後の祭りの呼び物となった。

さて、戦後の高度経済成長のなかで、こうした祭礼民俗の伝承が危機に瀕することとなる。希望者が多く、くじ引きで決めていた頭屋の担い手、神輿の舁き手や奴行列の人員が揃わなくなり、地域の世話人泣かせとなった。こうして、数百年かけて形成された祭りの構成要素のかなりの部分が継続困難な状況となり、場合によっては一時的に中断したのである。その後、有志の努力や神社の梃《てこ》入れで徐々に復活し、僅《わず》かながらも往時を偲ぶことができるまでに回復した。ダンジリ志向の若者たちにも、農村の祭りとしての面白さや良さが理解されてきた。平成十五年には、文化庁の助成を受けて、長らく途絶えていたお仮屋も組立式として復活させることができた。

　しかし一方では、こうした流れを是としない意見、時代への逆行であるとか、隣接する西条祭り・新居浜祭りの盛況に対する無駄な抵抗だとする意見や復活を制止する動きもいろいろと提出された。一つの祭りという民俗文化について、地域の伝統にこだわっていこうとする人々と、時代の流れとして長い物には巻かれろという諦《あきら》め、ないしそれが合理的であると解釈する人々が、同時に併存する社会状況を作り出してしまったのである。

　ところで私自身は、民俗文化の研究や教育に携わる者であるとともに、神社の宮司として祭りの民俗を伝承する立場にあり、加えてこれを文化財として評価をし、社会的に位置付ける役割にもある。さらに、一人の住民として地域の活性化を図りたい意図も併せ持つという、極めて複合的な状況のなかに存在している。現在、共通の価値観を持ち得なくなった民俗文

独特の衣装の駕輿丁人《かよちょうにん》（神輿《みこし》かき）と神輿を阻止する奴連中の攻防は、大正期に演出された

化の伝承に、どのような可能性と方向性を見出せばよいのか、それぞれの立場で悩んできた。共通の民俗の存在が、共通の価値観として地域社会に一体感を与え、そのまとまりを維持してきたという基本理解が、現代社会では必ずしも成り立たなくなったのである。言わば、民俗文化に対する人々の心性の多様化であり、その現実が民俗そのものにも外圧としてのしかかっている。そして、毎年の祭りの季節とともに、そのことに思いが巡るのである。

民俗文化をめぐる価値観の多様化は、結果として、私たちにいったい何をもたらすのか。そして、何を基準に生きればいいのだろうか。伝承の在り方についての信念が問われている。

打開と価値転換の民俗

何かにつけて先行きの見えにくい社会状況となってきた。期待を集めた旧の民主党政権への交代も、充分な成果が現れることなく頓挫し、再び自民党政権となって表面的には安定し、景気の回復傾向を示している。しかし、生活実態としての安定感はまだ感じられず、この国の不安感を依然として継続させている。

私たちの日常生活のなかにも、こうした苦境はつきものである。しかし、それでよしとはしない。そこには、現状を打開して転換を図ろうとする多様な民俗があった。旱魃時の雨乞い儀礼や共同田植えの押田《おしだ》、また漁祈祷や病人祈祷などは、その典型である。

松山市興居島《ごごしま》の鷲ヶ巣《わしがす》地区は、かつてイワシ網漁の盛んなところで、多いときには七統の網があった。岸近くまで海が深く入り込み、山に松が青々と茂っているところには、潮が八合満ちのころにイワシの群れが岸まで競りあがってくることも度々であった。しかし、不漁が続くと、地区の稲荷神社でお籠《こも》りをした。誰れ言うとなく、「魚が捕れんけんイナリゴモリしようじゃないか」ということで、海を見晴らす高台にある稲荷神社で網ごとにお籠りをし、酒盛りをした。そうすると、翌日からの漁では妙に魚がよく捕れたという。いわゆるマンナオシの民俗の一つである。

また、山間部の同市東川町《ひがしがわ》では、病人が出ると石手川でセンコリ（千垢離《せんこり》）を取った。老人が川岸で回数を数えるなか、親戚や村の者が岩の上から淵へ延べ千度の飛び込みで水垢離を取り、病気の平癒を祈ったのである。あるいは、西予市宇和町や城川町では、セイリキ祈祷と呼んで、地域の人々が氏神に共同祈願を行い、神職や法印に祈祷をしてもらった。そこには、地域共同体の総力を結集し、打開と転換を目指した人々の姿と心意がよく表れている。

昭和９年の旱魃に行われた押田による田植え（東温市）

こうした価値の転換を最も端的に示す民俗事例が、神楽の鬼である。県下の諸神楽は、明治以降、秋祭りから転じて「春神楽」として演じられることが一般的になったが、そこに現れる鬼＝ダイバ・ダイバンは、価値が転換する最たるものである。「鬼神問答」とか「魔祓い鬼四天」「大魔《だいま》」「大蛇《おろち》」などと呼ばれる演目に登場する鬼は、先ずは「八万四千の鬼の王」とか「第六天の大魔王」と称する悪鬼として現れ、悪戯を繰り返す荒ぶる存在で、中国地方の神楽では荒平《あらひら》と称される。これが五行思想になぞらえた東西南北および中央の五人の神々と問答を交わし、さらには戦いによって鬼は力の象徴である杖あるいは六尺棒を奪い取られてついに降伏し、改心して善玉へと変身するという価値転換の構造を伴っている。

その結果、人々は、鬼に子どもを抱きかかえてもらって育児安全を祈り、老人は背負ってもらうことで息災延

松山の里神楽における荒ぶるダイバ（松山市）

神々に屈服し改心するダイバ

命を願い、病人は災厄を祓い除いてもらおうとするのである。また、鬼の分与する笹の葉や餅を競って奪い合うなど、福をもたらす存在へと劇的な変身を遂げたことがうかがえる。すなわち、神楽の鬼は、地域社会の災厄を福徳に転換させる機能と役割を果たしてきたといえよう。

伊予路の春は、各地で「神楽」がたけなわである。しかし、今のこの閉塞的な時代状況を打開するには、私たちはどのような転換構造を取り込めばよいのであろうか。思案することしきりで、答えは霧のなかである。だが、さまざまな分野の指揮官たちが、ピンチをチャンスと捉え、まさに価値転換を図ろうとしていることなどを見れば、伝統的な民俗文化構造のなかに活路が見出せるのかもしれない。

地域に根ざして働くこと

かつて大学や高校の卒業予定者の就職内定率が落ち込み、超就職氷河期と言われる時期があった。平成二十年代の半ばも殊のほか厳しい状況にあり、一部の業種を除いて張り詰めた氷は、なかなか解けそうにもない状況にあった。

そのような時に、国立青少年教育振興機構による日独勤労青年交流プログラムの事業で来日したドイツ連邦共和国の青年たちに対し、「地方青年の職業観の変遷」についての話をする機会があった。

東京での研修を終えた後、地方プログラムとして愛媛県を訪れたもので、公務員・会計士・一般事務・福祉・製造業・職業訓練生など多様な職種の青年たちであった。国立大洲青少年交流の家に滞在しながら、近郊での現地研修を行うに当たり、その事前学習としての話をしたのである。そのなかで、私自身も改めて地域のなかで働くということを考えさせられた。

さて、「仕事」を指す日本語は多様で、「職業・生業・産業・なりわい」などがすぐに思い浮かぶ。いずれも、生活を営むために行う仕事の意を含んでいる。すなわち、人が働くということは、生き抜くため、生活のために自然や社会から多様な価値を引き出すことが本来の意味だといえる。したがって、仕事としての働きかけも多様であった。当然のことながら、個人が自然や社会に働きかける方法もさまざまであり、実のところ、前近代の社会において個人が従事する仕事や職業は、私たちの意に反して一つだけではなかった。

たとえば、松山市の石手川上流に開けた山村である日浦地区は、昭和前期まで稲作・畑作・焼畑耕作・林業・薪の採取と販売・炭焼き・山菜取り・筍《たけのこ》栽培・狩猟・里の村からの預かり牛の飼育などを複合的に営んできた。そして、松山城下や平野部農村とも峠を隔てながらも一体化しつつ、人々は多様な仕事を順次こなすことによって、総体として生計を維持してきた。瀬戸内の島々も同様で、畑作や僅かな稲作・漁業・季節行商・職人などの兼職による渡世の術《すべ》は、概して一般的であった。農民が、イワシ網などの漁業権を有したところも少なくない。この複合的な生業形態は、基本的に一つの

山村における薪の採取と
運搬作業の再現
（松山市日浦）

職場に属しながら雇用労働者として働くことを基本に据《す》えた、現代人の就労形態や生活とは大きく異なる。そこには、特定の職務への専念を前提とする今日の職業観とは異質なものがあった。

それは、見方を変えると「地域に根ざして働くこと」を前提としているとも言える。仕事は、個人に帰属するものではなく、家業としての職業意識や地域で生活するために何をするかが優先した。また、それを身に付けることが一人前とされる基準ともなった。しかし今、若者たちの職業意識は変化し、世代間における職業選択の自由化がずいぶんと進展した。結果として、子が親の職業に伴う財産の継承を負担と感じる時代となってしまった。すなわち、就業先を基準に置いた住まい方が一般的となり、父祖以来の家屋敷や田畑・山林・工場施設などを相続することを負担と感じ、さらには放棄する人々が増加している。もはや、住むべき所としての家郷意識の衰退は明らかである。

こうした傾向は、勢い地域が持つ力を弱体化させてしまうことにもなる。地域の伝統的な民俗行事の継続や消防団組織の維持方法をめぐる困難さの問題などは、各地に共通して見られる。昨今の就職事情や政府が進める働き方改革は、これに拍車をかけることにもなりかねず、民俗文化の問題からも憂慮される。限界集落の出現や集落の消滅といった、地域の滅びを招来してはならない。そのためには、青年たちが、地域に根ざして働くことが可能な就労環境の回復も急務のことながら、何よりもそのことの価値に気付いてくれることを期待したい。そして、件《くだん》のドイツ人青年たちは、愛媛での研修において何を感じ取って帰国したのであろうか。

そして私自身も、就職先の模索と地域で生きることのなかで揺れた時期があった。結果的に、愛媛に根付いて生きることを選択し、二足三足のわらじを履いて今に至る。今後も地域に根ざしながら、実験民俗学の視点から愛媛を眺めていきたいと思っている。

ポストモダンの前近代

平成二十三年三月十一日に発生した東日本大震災と大津波による未曾有の災害、さらには東京電力福島第一原子力発電所の放射能漏れ事故を受けて、その後の日本人の価値観が大きく変わった。現代の科学技術の象徴ともいえる原子力発電への依存を是とする国民の理解は大きく舵を切り、時の首相の脱原発発言を引き出させるなど、現代文明に対する懐疑的視点に立った意見の提出が後を絶たない。

こうした文明批判的な立場による議論は、けっして今に始まったことではない。第一次オイルショックをきっかけとして、昭和五十年前後に「地方の時代」や「地域主義」の思想が叫ばれたときにも、多様な形でかまびすしく展開されたことは、まだ記憶に新しい。そして、先の政権交代による民主党政権下で提起された「新しい公共」なる概念が、一時的に広がりを見せた。「『新しい公共』宣言」の冒頭では、「人々の支え合いと活気のある社会。それをつくることに向けたさまざまな当事者の自発的な協働の場が『新しい公共』である」とし、日本社会における伝統的な「公共」を現代社会に再編集しつつ、人々に「居場所と出番」を提供しようとしたものであった。

すなわち、ポストモダンとして前近代が有した価値観の再評価と活用の認識が強まっていたとも言える。先の宣言でも、日本の伝統的な民俗文化である「結《ゆい》・講《こう》・座《ざ》」などを事例に挙げ、それらが支え合いと活気ある社会づくりの原動力となったことを指摘している。愛媛県下でも田植えなどにおいて、労働力の相互交換組織としてのイイ（結）やテマガイ（手間換え）が広範に実施されていた。山村の萱葺《かやぶ》き屋根の葺き替えに当たっては、萱講や萱頼母子《たのもし》、屋根替え講などの組織がそれを可能としてきた。また、祭りの運営については、東予地方の西部を中心に頭屋やオトウの制度が形成され、強固な祭祀組織として継続されている。より一般的な事例では、ブヤクと称する地域住民の共同負担労働を結集し、道路や水路の維持管理を実施してきた所は多い。西予市城川町遊子谷では、組織される範囲により村歩《むらぶ》と組歩《くみぶ》に分けられ、世帯主が出ることを原則としつつ、世帯状況においてはブヤク負担を免除することも可能であるなど、小回りのきく態勢が整えられていた。

西予市城川町泉川地区の共同労働に用いられた組網《くみづな》（1983年）

しかし、近代以降の行政システムの整備は、結果としてムラやマチ社会の地域力を弱体化させてしまったことは否定できない。さらには、行政サービスは受けるが地域での負担はしないという人々を多く出現させた。地域が、そこに住む人々を普遍的に包摂できなくなったのである。したがって、この「新しい公共」の浸透は、方法論としては間違ってはいないが、評価は分かれる。

ところで私自身も、勤務していた松山東雲短期大学が所在する松山市桑原地区のまちづくり協議会との協働を通し、所属学科であった介護福祉専攻において福祉・介護の地域力向上のための取り組みを行っことがある。地域の具体的な課題を洗い出すなかで抱える問題点を確認し、地域力を高めながら孤立や無縁化などの解決を図ろうとしたものである。大学と地域の連携事業として投げかけたものが、運よく「新しい公共」の補助対象事業として認められたのであるが、十分な結果の出せないまま終えてしまったのは残念であった。

また十年あまり前には、田舎神主として住まいする

住民参加で完成した親水池に魚を放す（西条市田野上方）

周桑平野の圃場整備に伴って消滅した水辺を、小規模ではあるが神社の境内地と一体化させるなかで創出した。快く協力を引き受けてくれた地域の若者や女性たちが、今も水辺の維持管理を手伝ってくれている。地域の人々が、ごく当たり前のこととして、相互に関わっていける民俗風土の形成が地域を活気づける。

社会の行く先が不透明さを増した今日、前近代から伝えてきた価値観への回帰を基盤に、新しい公共的な創出機能が地域に付加されることで、問題の打開と活性化が図られていくことを期待したいと思う。

三島の切り —年を区切る民俗—

平成二十四年の年明け早々に東京大学が打ち出した秋入学への年度転換の検討が、各地の大学や官公庁・一般企業を巻き込みながら、ひとしきり話題になった。国立大学のおよそ半数で検討ないしは今後の検討を示し、しばらくはホットな議論が展開された。確かに世界的には、学期の始まりは秋が一般的であり、春に基準を置くところは少数である。そうしたなか、世界の大学ランキングで上位に食い込めていない日本の大学が、世界に伍していくためにも、越えなければならないハードルの一つではある。

さて、考えてみると、入学時期に限らず私たちの暮らしのなかにも、年の区切り方についての多様な価値観が存在することに気付かされる。最も一般的には、年初としての正月の意識があり、一年を二分したところに盆を設定している。そして、これらの区切り前に掛売りの清算や納品を済ませることが共通した価値観で、盆・節季という区切りが広く存在する。年中行事の上からは、これが一番分かりやすいのであるが、年の区切りはこれに止まらず、行政システムにおける四月一日からの年度区切りが、近代社会のなかで大きな位置付けを有するようになった。

年の改まりであり、年を取る機会としての正月に対し、春に始まる「年度」が設定されたことで、年齢と学齢の齟齬《そご》が生まれた。昭和の半ばまでは頻繁に使われた、七つ上がり・八つ上がりなどの数え年による小学校への入学年齢の表現も、満年齢の価値観が普及するなかで、ついぞ聞かれなくなって久しい。しかし、還暦などの年祝いに当たり、同学年で一緒に祝いたい場合など、両者のズレは今も解消されていない。さらに、日本でも大学に限れば、入学時期も明治から大正にかけての暫《しば》くは秋入学であった。

ところで、年の区切り方として、南予地方を中心にして広く分布したのが、二月と八月の一日をもって行う、奉公人の出替《でが》わりの民俗であった。二月入りと称した旧二月一日が最も一般的であったが、「奉公」に出ること自体が、すでに過去のものとなってしまった。今日のように、誰しもが雇用労働に従事する状況にはなかった時代には、家に止まって家業を手伝うよりも、ときに住み込み奉公

三島市の期間中、境内で陶器を販売する露天商（1981年）

によって食い扶持を得ることが必要であった。あるいは、宇和島市の三浦半島の浦々では、少女たちは宇和島城下や吉田の陣屋町へ行儀見習いを兼ねた奉公に出ることが広く行われた。また、南予の高知県境の山村では、土佐の青年たちが農家の住み込み仕事に来ていた。二月入りに、若者が親に連れられてやってくると、賃金は前借で親に渡された。奉公期間の途中、盆や正月には土産を持たせて里へ帰し、満了時にも多少の謝礼を加えたが、若者たちにとっては仕事を覚える場でもあった。こうした奉公人が期間を満了したり、しばしの休みを貰って帰宅したりするのが、年二回、二月と八月の一日からの数日であった。

実は、この奉公人の出替わり日は、存外に古い習俗が残存していたといえるかもしれない。江戸幕府は、古く二月であった出替わりを、寛文《かんぶん》八（一六六八）年の武家奉公人を手始めに日にちを三月五日に変更し、以後、江戸の町方奉公人、さらに同十二年には、これを全国に及ぼして統一を図ったとされる（『国史大辞典』）。あるいは、秋の出替わりは九月になり、菊節供の終わった十日になったともされる。そうであるならば、南予地方の出替わりの民俗は、それ以前の古風を伝えたものとして、いま少し注目されてもよい。

さらには、もっと地域限定的な年の区切り方もあった。松山市興居島の漁村である鷲ヶ巣では、大三島の大山祇神社・宮島の厳島神社・福山市鞆《とも》の沼名前《ぬなくま》神社の三社へ信仰が盛んであったが、なかでも大山祇神社の春の大祭である旧暦四月二十二、三日を境に、人を雇ったり金の貸し借りの清算を行ったりすることになっていた。雇われた者は前金で賃金を貰い、この日までを日限として漁仕事に従事した。この三島市《いち》での区切りを人々は、「三島の切り」と称したのである。

広く瀬戸内漁民の信仰を集める大山祇神社

すなわち、年季奉公などの期限も、全国的に画一化されていたかの辞書的な理解だけではなく、地域限定的な取り決めも、各地で多様になされていたのである。

死の多様化と向き合いの変化 ―終活は何を目指す―

近年の社会的傾向として、個人のさまざまな活動を表す「〇活《かつ》」という表現が多用される。婚活・就活から始まり、最近になって頻出するのが「終活」である。週刊朝日が平成二十一年に特集記事の造語として使い始めたものと言われ、翌年には流行語大賞にもノミネートされるとともに、同二十四年には堂々のトップ10入りを果たしている。当初は、人生の最期に向けた事前準備の意味合いで用いられていたが、最近では、エンディングノートの整理などを通じて自分自身を見つめ直し、自分らしい生き方を探る要素が大きく取り上げられるようになってきた。

さて、今は亡き伊丹十三《いたみじゅうぞう》の監督作品である映画「お葬式」が公開されたのが、昭和五十九年であった。妻の父親の突然の死に対して、家族や親族があたふたとしながらも自宅において葬儀を行っていく各人の心模様を、軽妙なタッチで描いた作品で、その年の日本アカデミー賞など各賞を総なめにした作品である。

一方で、このころから暮らしのなかの葬儀のあり方が大きく変化してきた。このことについては、三章の冒頭において葬儀における葬儀社の介在の一般化とともに、葬祭式場の新たな台頭について少しく触れたところであるが、今日では、すでに定番となってしまった。例えば、一般財団法人日本消費者協会が平成二十二年当時に行った「第九回葬儀についてのアンケート調査」によると、葬儀の実施場所の四分の三を葬祭式場が占めるとともに、自宅葬はすでに一割を切っている。自宅で往生を遂げる人の割合もほぼ同率であるから、人の死と自宅の切り離しに拍車がかかっている。

加えて、また大きな変化が生じている。すなわち、葬儀自体のあり方に対する価値観の転換である。ここ数百年にわたり主流を占めた地域社会の民俗ないし宗教的死生観に基づく、地域に共通した葬儀や墓地・墓石形態から、次第に個人化・個別化が進行している状況にあるといえよう。例えば、松山

あの世の世界として描かれた極楽（左）と地獄（右）
（松山市 太山寺鐘楼）

横型の石塔を基調とした霊園墓地（松山市 横谷霊園）

市内をはじめとして霊園墓地には横置きの石塔が林立するようになり、石の種類や彫り方も多様化した。昭和の産物である一家の代々墓から転じ、モニュメント化が都市部において進んでいる。石塔を造らない、樹木葬という新たな墓地も一部には出現している。葬られ方に対する要望の多様化ないし個性の表出と言えよう。終活というエンディングに向かうための活動は、その一つの表れでもある。

葬送儀礼は、伝統的に死者の管轄ではなく、後に残った生者の意向が反映されるものであった。しかし、子孫による一所定住の価値観が無意味化し、結果として墓の移転や荒廃も進み、家や墓の後継が財産ではなく、手かせ足かせとなる例も少なくない。葬儀を取り巻く社会関係として、血縁・地縁の関係に加え、喪主の社会的な繋がりによる社縁の関係を中心とした時代への移行を経て、直葬という葬儀の短縮化や家族葬という小規模化、供養の簡略化など、葬送の民俗は新たに様変わりしてきたようだ。今世紀に入り、納棺師を描いた本木雅弘主演の映画「おくりびと」が注目されたり、秋川雅史が熱唱する「千の風になって」が大ヒットしたり、人の死や霊魂についての関心も高まった。これと相前後して、地方における葬祭式場の急増現象も見られ、本県も、その例外ではなかった。

ところで、終活とともに関心を高めているのが、死生学や死生観の分野であろう。昨今、寿命を全うした死ではない多様な形での人の死が日常的に報道され、命の重みが損なわれている。また、死の文化に疎くなった現代人の実態も見えてきた。そうしたなか、改めて死に向き合う生き方が探究されなければならない。さらに近年では、介護福祉施設において最期を迎える人の数も少なくないし、死亡場所別の統計数値にもそれが反映されるようになった。介護福祉士となる学生たちを送り出してきたなかで、生活における死の文化から疎隔された若者の増加は、少しく気にかかることの一つであった。近年の死や葬送をめぐる民俗の再度の変化は、こうしたことどもを私たちに問いかけている。

記録を残すということ

教員として学生たちと長く付き合ってきたが、年を経るごとに行動の在り方に変化が生じたと感じることが少なくなかった。特に、固定電話の時代から携帯電話やスマートフォンが登場して普及し、

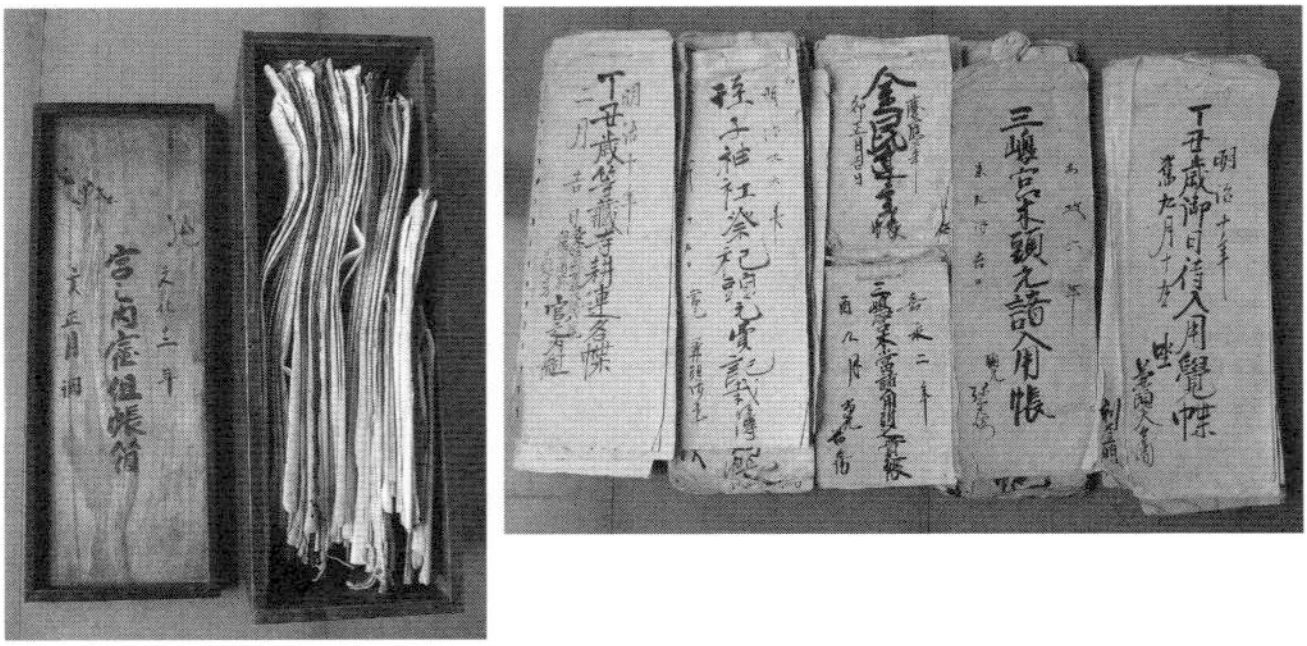

宮下部落の帳箱と蓋裏書き、および部落諸行事の記録類のいろいろ

生活における多機能な活用が常態化するなかで、次第に文字で記録するという習慣が崩れ去ろうとしている現実に直面することがしばしばであった。すなわち、写真撮影による記録化と画面表示による情報確認という利活用が、極めて一般的な方法として定着しようとしている。学生掲示板の情報はまだしも、それが授業の板書にまで拡大したのが現実で、勢い自らが主体的に手書きの文字で記録に留めることの減少は明らかである。

　地域においても、代々にわたって綴られてきた多様な記録が伝存し、公的な行財政に関連するもののみならず、生活や民俗文化の来《こ》し方を伝えている。私の在所の宮下部落でも、多くの記録は時代とともに処分されてしまったが、たまたま、ある旧家に残っていた帳箱一つを手元で預かっている。近世後期の文化年間から明治後期にかけた日待ち祈祷や村氏神の三島神社や組の蛭子《えびす》神社の祭り当番、金毘羅講・石鎚《いしづち》講・箸蔵《はしくら》講その他に関わる帳面類である。黒ずんだ帳箱の蓋の裏書きには、「宮之内窪組帳箱　文化十二（一八一五）年亥正月調」とある。かつての組名を宮之内窪《くぼ》組または宮之内組と呼んだこと、日待ち祈祷の宿を座元と称したこと、村氏神の祭礼当番に本頭元と小頭元の区分があったことなど、現在の民俗からは消え落ちていたことも新たに理解できて有り難かった。

ところで、記録を残すことには、時として作為的な場合がある。特に対立的な関係をはらむ状況のなかでは、なおさらである。例えば、神仏混淆《こんこう》の状態にあった神社では、概して寺院僧侶の権限が強く、記録を残すことも一つの権利として存在した。具体的には、社殿などの普請に伴う記録である棟札の記載が、祭祀権の一つの象徴であり、記載の権限をめぐる社寺の争いは近世において絶えなかった。結果的に、付属寺院が有利性を保つなかでは仏式による記載がなされた。私の奉仕する綾延神社も、その一つである。

一方で神職たちは、ある種の作為的な対応にも出た。近世における棟札《むなふだ》の偽装である。古くは平安時代の年号や神職名を記載した棟札が県内の神社にもあるが、神職差配の古さを示す記録として偽造したものである。綾延神社では、社寺が確執を強めて

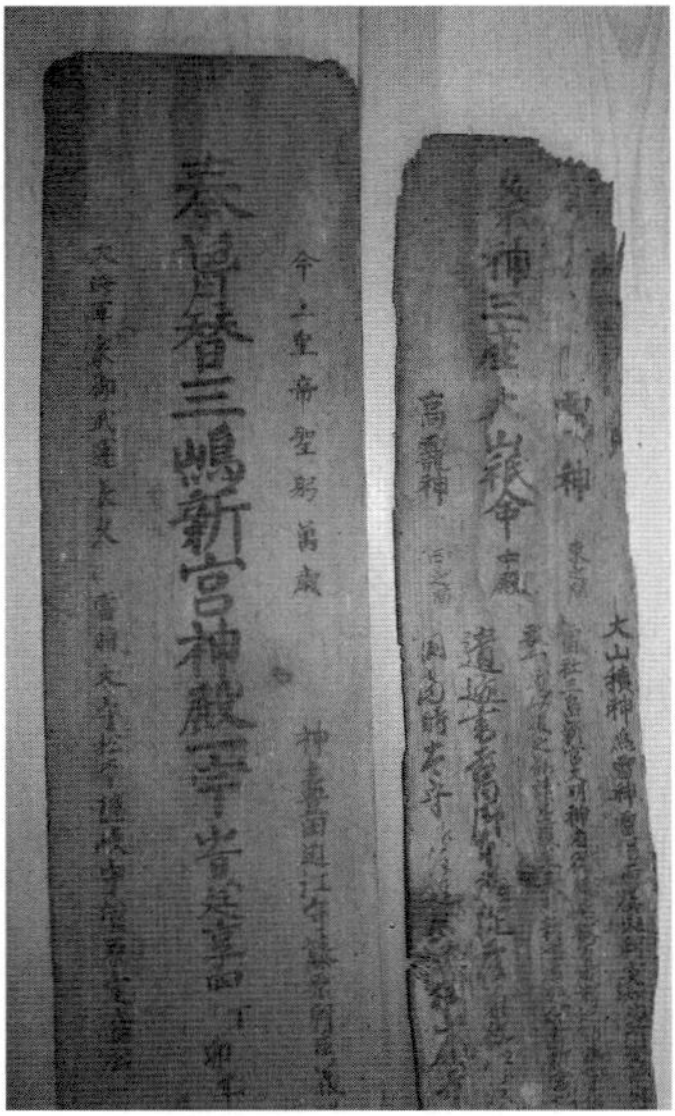

三島神社の享保８年の棟札には、神職の思いが述べられている

いくなかで、元禄十三年の本殿改築に当たり、飾り彫刻の差し込み部分に当時の神主が名前をさりげなく記録したものが、平成の解体修理で見つかった。神職支配であった村氏神の享保八（一七二三）年の本殿屋根葺き替えの棟札には、唯一神道の立場を記載するとともに、こちらの方が本社の綾延神社よりも何万年も古い神社である旨などを細かく記している。いずれにせよ、何らかの手段で記録に残すことにより、自らの存在や立場を後世に主張しようとしたものである。

こうした記録を残すということと関連して注目されることが、日本人の識字力である。近年の傾向として、学校教育が制度化される前の江戸時代における日本人の識字は、世界的にもたいへん高いものであったという理解が網野善彦氏らによって進み、寺子屋などを介した庶民教育の普及がこれを後押ししたとされる。しかし、教育史分野から見た識字研究によると、その具体的な実態は、必ずしも明らかではないという。

このことに関し、若いころに秋田県由利本荘《ほんじょう》市の神社で行った私文書をめぐる調査経験が思い出される。多くの形式通りの神社史料のなかに、田植え祈祷に関する旦那場《だんなば》の権益争いに関する異議申し入れの手紙文書があった。その性格からか、手紙の形式など度外視した本音丸出しの、秋田方言を平仮名書きした文書に出会い、何かの呪文だろうかと面食らったことがある。と同時に、当時の有識層においても、識字が決して十分ではなかった状況も垣間《かいま》見られたように思えた。そして、記録に残すという行為の必要性とともに、多様な側面をも感じ取った次第である。

民俗の文化財指定ということ

毎年のことながら、年度末を迎えた春先になると関係する県市の文化財保護審議会が開かれ、文化財としての指定や保護に向けた数少ない議論が展開される。近年でこそ文化財という用語が社会的に通用する言い回しとなったが、まだ十分に浸透しているとも言いがたい。一般には昭和二十五年に制定された「文化財保護法」において、保護の対象として取り上げられたものの総称であり、希少性や優秀性に重きを置いている価値観だと言える。民俗については、当初は有形文化財のなかに民俗資料として含まれることで位置付けられたが、同二十九年の法律改正で民俗資料が独立し、さらには有形と無形に分けて把握されるようになった。

こうした文化財保護に関する制度は、次第に都道府県やすべての市町村に拡大されて、それぞれに文化財保護条例が制定された。愛媛県内では現在、有形と無形の民俗文化財として国指定が各一件、県指定で八件と三十五件の都合四十五件が指定されている。さらに市町指定が加わると、結構な数となる。また、指定の基準はそれぞれの関係法令や条例において示されている。

さて、愛媛県教育委員会では、平成二十九年度に「吉田秋祭の神幸行事」を新たな県指定無形民俗文化財として指定することを決定し、私もそのための調査や調書作成に関わった。この祭りは、十一月三日に行われる宇和島市吉田町立間の八幡神社の祭礼である。吉田藩の陣屋町において近世後期に形成された祭礼風流《ふりゅう》である練り行列（おねり）が、幕末期に描かれた複数の祭礼絵巻で確認できるとともに、それが当時と変わらない町割りのなかで継承され、南予地方の祭礼に登場する練物の要素が広範に含まれて構成されていることが特徴である。吉田秋祭のおねりには、御船・関羽《かんう》や武内宿禰《たけうちのすくね》などの人形屋台の練車・猿田彦・鹿の子・牛鬼・村旗《むらばた》・ホタ・神輿・四つ太鼓などが登場する。特に練車の刺繍を施した飾り幕などは、藩の庇護を得た町人町の財力を反映したものでもあり、これに村方の芸能や家中の徒歩《かち》練りを加えた、典型的な大名祭りと言える。また、練車などの祭礼風流が形成される以前から存在する、儀礼性の強い神事相撲としての卯之刻《うのこく》相撲や伊勢踊りを捨象することなく重層的に継続させている。さらに近代におい

復活した吉田秋祭のおねり行列

ひっそりと奉納される卯之刻相撲

ては、神輿や牛鬼が大きく躍動化を遂げ、演じて見せる祭礼へと変化したもので、南予地方の祭礼文化の指標として位置付けられる。加えて、今回の愛媛県無形民俗文化財の指定に当たっては、神幸行事を中心としながらも、これに先立って行われる卯之刻相撲や伊勢踊りも、おねりと不可分の構成要素であることから、一括したものである。

さて、私たちの暮らしの一コマである無形の民俗事象を文化財として指定することの意味は、どこにあるのだろうか。そして、国指定と県指定、さらには市町村指定と分けることの意味はあるのかなど、文化財指定を取り巻くことについて少し考えてみたいと思う。すなわち、文化財指定という行政的な仕組みと民俗の担い手である地域の関係に思いが至る。

このことについては、すでに二つの流れが指摘されているようである。一つは、文化財指定の制度が持つ政治的要素を批判的に見る立場であり、いま一つは、指定を機に保存や継承に主体性が形成されると見る見方である。前者は、指定と未指定あるいは国・県・市町村による指定区分で差異や優先順位が歴然とすることによる序列化の力が働いたり、場合によっては権威づけになったりすることが生じることが指摘される。県下にも、地域の同じ民俗芸能が、文化財指定の有無や指定区分によって観光協会などより受ける助成金の額が区分けされている事例も存在する。しかし、一方で指定によって地域に価値の再認識がなされることで、内発的な民俗の継承と持続を促すことにも繋がる。すなわち、一つのきっかけ作りである。

吉田秋祭は、基本的には後者に当たると言えよう。だが、保存団体としては、今回の県指定を通過点とし、国指定の重要無形民俗文化財の指定を目指している。その点では、前者の意識を併せ持った継承活動でもある。しかしながら、文化財指定によって価値の序列化や無意味な権威づけが進んでしまうことは避けねばならない。でき得れば、今回の指定を契機として、地域の人々のなかに吉田秋祭という民俗の内発的な伝承形態が確立されることを期待したい。

おわりに

本書は、『文化愛媛』の誌上に「街角のフォークロア」と題して連載している文章を基に、少しばかり加筆や補訂を加えて再構成したものである。私たちの暮らしの中に存在する身近な民俗文化のある一面に着目しながら、その時々の世相や視点から切り取り、いくらかの解説を加えて読み物風に書き連ねてきた。徒然なるままに筆を起こして、早や二十年が経過した。この間、社会の変化もさることながら、そこに垣間見られる民俗文化も大きく変容し、これまでの価値観が通用しない事柄も多く見られるようになった。

振り返ってみると、学生時代におけるサークル活動の立ち上げから始まった民俗学との出会いも、すでに結構な年数を経過した。その間、ふるさと愛媛を中心としつつも各地を訪ね歩いて古老たちからの聞き書きを記録に留めてきた。連載の執筆に当たっては、改めて断片的な採訪ノートの記述を捲り返しながら、一方では現代社会の諸問題について報じる新聞の一記事に目を止めながら、新旧二つのものが綾を成すように、古老たちの語りから「今」という時代を読み取ってみたものである。

この度、改めて一書とするに当たり、公益財団法人愛媛県文化振興財団ならびに事務局の湯浅勝史氏には出版のお勧めや編集作業において一方ならぬご厚意にあずかった。末筆ながら、深く感謝申し上げる次第である。

平成三十年三月

神奈備の杜を仰ぐ田園書屋にて　森　正康

著者紹介

森　正康（もり　まさやす）

昭和28年、東温市生まれ。愛媛大学法文学部卒、成城大学大学院修士課程修了（日本常民文化専攻）。愛媛県臨時県史編纂部嘱託ののち松山東雲短期大学講師、助教授、教授を経て、同大学名誉教授。また、平成３年より綾延神社（西条市丹原町）宮司を務める。現在、愛媛県文化財保護審議会委員、愛媛県神社庁理事、保護司、その他。
〔著書〕『えひめ森林と木の生活誌』のほか、『愛媛県史－民俗（上・下）』・『海と風土－瀬戸内海地域の生活と交流』・『四国遍路と山岳信仰』（共著）など多数。

えひめブックス28

街角のフォークロア
－足下の暮らしを見つめ直す試み－

平成三十（二〇一八）年三月三十日　初版第1刷発行

著　者　森　正康
発行者　土居英雄
発行所　公益財団法人 愛媛県文化振興財団
愛媛県松山市道後町二―五―一
郵便番号 七九〇―〇八四三
電　話 〇八九（九二七）四七七七
ＦＡＸ 〇八九（九二七）四七七八
印　刷　岡田印刷株式会社

ISBN 978-4-901265-61-4 C0239 ¥1,500E

えひめブックス刊行のことば

昭和六十一年十二月

愛媛県文化振興財団は、設立の趣旨にそって、今日までに色々な事業を手がけてまいりまして、県民の皆様から深い関心を寄せていただいておりますが、その中で講演会やシンポジウムなどにつきましては、その速記録に基づいた図書の刊行を行い、開催地や開催回数の制約を補って、多くの方々に喜ばれております。

「えひめブックス」では、更に歩を進めまして、郷土の文化や風土に根差した文化史・生活史が展望できるようなシリーズとして、先人の豊かな知恵を汲みあげ、あるいは、今日我々が直面している事象に意味を賦与し、さらに将来への道を拓く、このような出版物を意図しております。

そのためにも、郷土の文化へ向ける視線が偏狭に堕さぬよう、視野を広く瀬戸内社会・西日本・日本列島にも及ぼし、愛媛を多面的に位置づける叢書でありたいと心掛けております。

今日ほど、多くの人々が創造的に学ぼうとする時代が、かつてあったでしょうか。更に、今後も益々深まっていくであろう価値の多様化も十分反映させ、この「えひめブックス」が、時代にふさわしい使命をになって、県民の方々に、限りなく豊かな愛媛の文化・風土の扉を開くしるべとなることを念願してやみません。

財団法人 愛媛県文化振興財団

※平成二十四年四月一日より公益財団法人愛媛県文化振興財団となりました。

●公益財団法人 愛媛県文化振興財団刊行図書●

◎えひめブックスシリーズ

「アメリカの風が吹いた村―打瀬船物語」 村川庸子著
「人生は路上にあり」 手束妙絹著
「肱川 人と暮らし―川の文化誌―」 横山昭市編著
「幕末維新の松山藩―守旧保守の苦悩―」 景浦勉編・監修
「空飛ぶボラ―南予トッポ話―」 和田良譽著
「伊予の古刹・名刹―美とやすらぎの空間―」 越智通敏著
「文宝日記を読む―宇和島藩城代家老桑折宗臣の日々―」 篠崎充男著
「写真で見る愛媛の昆虫―愛媛の自然―」 田辺秀男著
「伊予の名僧・傑僧―古徳の教え―」 越智通敏著
「松山藩と裏千家茶道―茶の湯覚書―」 武田幸男著
「石鎚山系自然観察入門」 森川國康編著
「果てしなき旅―捨てひじり一遍―」 越智通敏著
「華宵からの手紙」 高畠麻子著
「青地林宗の世界―伊予の蘭学者―」 池田逞著
「子規の素顔」 和田茂樹著
「伊予のかくれキリシタン」 小沼大八著
「愛媛・新風土記」 横山昭市著
「愛媛の地名―小さきものへのめまい―」 堀内統義著
「愛媛の文学―明治から平成への道のり―」 図子英雄著
「伊予灘漁民誌」 渡部文也・高津富男著
「江戸・東京のなかの伊予」 玉井建三著
「伊予の俳人たち―江戸から明治へ―」 池内けい吾著
「えひめ・学・事典」 横山昭市編著
「えひめ季節ノート」 深石一夫著

◎歴史シンポジウムシリーズ

「熟田津論考」
阿蘇瑞枝・梅原猛・景浦勉・小林昌二・野口光敏
「幕末維新の宇和島藩―幕末維新の宇和島藩とは―」
川崎宏・島津豊幸・長野暹・松本麟一・三好昌文・吉村昭

「村上水軍考―村上水軍の航跡―」
奈良本辰也・宇田川武久・景浦勉・松岡進・村上護・城山三郎

「遊行ひじり一遍―心の旅人一遍―」
栗田勇・橘俊道・足助威男・越智通敏

「奈良時代の伊予―律令国家の形成と展開―」
直木孝次郎・小林昌二・荒木敏夫・山崎信二・松原弘宣・豊田有恒

「近代愛媛の開花―伊予国から愛媛県へ―」
飛鳥井雅道・芳賀登・岩崎勝・村上護・井出孫六

「河野氏の台頭と源平争覇―中世瀬戸内のあけぼの―」
永原慶二・上横手雅敬・福田豊彦・景浦勉

「弥生から古墳時代へ―宮前川遺跡と古照遺跡―」
亀井正道・田中琢・野口光比古・西尾幸則・下條信行・長井数秋・古瀬清秀・門脇禎二

「藤原純友の乱―律令制崩壊への歩み―」
福田豊彦・上横手雅敬・小林昌二・豊田有恒

「河野氏と伊予の中世―河野氏の栄光と悲劇―」
網野善彦・黒田俊雄・永原慶二・松岡久人・景浦勉

◎文化講演会シリーズ

「文化講演会1」
小此木啓吾・谷川健一・池田弥三郎・俵萠子・山本七平

「文化講演会2」
加藤秀俊・藤原てい・石川喬司・岡部伊都子・木村治美

「文化講演会3」
山田洋次・今江祥智・寿岳章子・森瑤子・阿刀田高

「文化講演会4」
三木卓・真鍋博・早坂暁・岡部伊都子・高樹のぶ子

◎文化を考えるシンポジウム

「大衆文化の芽生え」
横井清・村井康彦・田村憲治・松田毅一

◎民話シリーズ

「ふるさとと人間ばなし」
沼田曜一・和田良譽

「山口崇民話の出逢い」
山口崇・井上ツルノ・和田良譽

「石鎚山麓民話の出逢い」　沼田曜一・はたたかし・平井辰夫

◎平成13年度正岡子規国際俳句賞事業の記録

「えひめ百人一句
　―生花・俳句・写真のコラボレーション―」

◎芝不器男俳句新人賞受賞記念句集

「春の柩」―第2回芝不器男俳句新人賞受賞記念句集―　杉山久子著

「おまへの倫理崩すためなら何度でも車椅子奪ふぜ」
　―第3回芝不器男俳句新人賞受賞記念句集―　御中虫著

「愛媛の近代洋風建築」　日本建築学会四国支部編

「愛媛の近世画人列伝―伊予近世絵画の流れ―」　矢野徹志著